Le Philosophe ignorant

VOLTAIRE

Le Philosophe ignorant

Edition critique par

Roland Mortier

VOLTAIRE FOUNDATION
OXFORD · 2000

© 2000 Voltaire Foundation Ltd

ISBN 0 7294 0723 3

La présente édition est fondée sur le texte originellement établi en 1987
pour les *Œuvres complètes de Voltaire* (volume 62).

Voltaire Foundation Ltd
University of Oxford
99 Banbury Road
Oxford ox2 6jx U.K.

http://www.voltaire.ox.ac.uk

Distribué en France par PUF

Imprimé en Grande-Bretagne

INTRODUCTION

En 1766 Voltaire a passé le cap des 70 ans. Il est déjà l'auteur d'un ensemble considérable d'ouvrages en tout genre : théâtre, poésie, histoire, romans et contes, sans parler d'une énorme correspondance, dans lesquels il a dispersé les éléments de sa philosophie personnelle. Un *Traité de métaphysique* commencé en 1734 a été laissé délibérément dans ses tiroirs. Cette fois, le moment lui semble venu de rassembler en un seul livre les éléments fondamentaux de sa pensée et d'en ordonner la structure. C'est ainsi que vont s'élaborer, au cours de l'hiver 1765-1766, les 59 petits chapitres du *Philosophe ignorant* qui sont l'exposé le plus complet de ce qu'il appelle sa « métaphysique ». Il vient à peine de publier dans les *Nouveaux mélanges philosophiques, historiques, critiques, etc* (tome III de l'édition de 1765) un article assez court intitulé « Les ignorances » qui deviendra plus tard la deuxième section de l'entrée « Ignorance » des *Questions sur l'Encyclopédie*. Le thème des limites de l'homme et de son ignorance des causes finales l'obsède à cette époque plus que jamais. Dans l'article de 1765 il posait déjà les questions primordiales :

> Pourquoi sommes-nous ? Pourquoi y a-t-il des êtres ? [...] Qu'est-ce que le sentiment ? [...] Qu'est-ce que la pensée ? [...] D'où vient qu'aimant passionnément la vérité, nous nous sommes toujours livrés aux plus grossières impostures ? [...] D'où vient le mal, et pourquoi le mal existe-t-il ? [...] O atomes d'un jour, ô mes compagnons dans l'infinie petitesse, nés comme moi pour tout souffrir et pour tout ignorer, y en a-t-il parmi vous d'assez fous pour croire savoir tout cela ?

Le nouveau livre sera le développement de cette importante thématique. Non que Voltaire veuille en faire un système, car il partage la méfiance des « philosophes », ses alliés, envers l'esprit de système, jugé autoritaire et dogmatique. Il partage aussi leur rejet des grandes constructions métaphysiques, fondées sur des postulats et qui s'arrogent présomptueusement la connaissance des vérités ultimes. Lorsqu'il parle de « sa métaphysique », il ironise, car elles ne sont toutes à ses yeux que des « romans ». Leur prétention lui apparaît comme le sommet de l'outrecuidance, là où lui-même va préconiser l'humilité et la discrétion. Pas à pas, chapitre par chapitre, il va ruiner leurs audacieuses et fallacieuses conceptions.

Ces chapitres se présenteront comme autant de *Doutes*, aboutissant à la prise de conscience de nos *Ignorances* devant les insondables problèmes que nous pose la philosophie. Celle-ci se ramènera, en dernière analyse, à l'aveu de nos *Limites*, à la reconnaissance de la faiblesse de l'esprit humain, et son expression se bornera à formuler des *Questions*. Le scepticisme voltairien aboutit à une modestie radicale, si on peut risquer ce paradoxe. Il débouche sur le refus de toute tentative d'explication finale du sens de la vie et de l'univers. Voltaire a mené un long combat contre les religions révélées et contre toute forme d'idéalisme philosophique. Il se prépare à en mener un autre, tout aussi résolu, contre la résurgence ouverte du courant matérialiste qui renouait avec Epicure et Lucrèce. Au sein du grand mouvement des idées nouvelles, il s'isole ainsi petit à petit, mais il n'en a cure, car son message lui semble porter sur l'essentiel.

Le vrai sage, selon lui, est celui qui a renoncé à la recherche des origines de la vie et à la vaine poursuite des fins dernières de l'homme, objectifs insaisissables et qui nous détournent de l'essentiel : l'amélioration, et donc l'humanisation, de notre condition sur cette terre. Sa philosophie est celle de Candide, pour qui il faut avant tout et par dessus tout « cultiver notre jardin », c'est-à-dire le monde dans lequel nous vivons et dont il faut chasser l'intolérance, le fanatisme, la misère et toutes les formes de servitude, tant légale que juridique.

L'étude de l'histoire et celle des grands systèmes philosophiques ont fait de Voltaire un pragmatiste qui s'accommode du « monde comme il va » tout en s'efforçant de l'améliorer, sans illusions cependant sur les faiblesses de l'homme et sur ses fréquentes rechutes dans la barbarie.

L'histoire des hommes est celle de leurs erreurs autant, sinon davantage, que celle de leurs progrès. L'éblouissement intellectuel des grandes philosophies, du platonisme jusqu'au cartésianisme, a trop longtemps détourné les hommes de la réalité immanente qui les entoure, et parfois les asservit. Quant aux réponses que nous offrent les grands systèmes, elles ne seront jamais que des lueurs incertaines dans les ténèbres de notre ignorance.

Lorsque Voltaire parle de « nos ignorances », il faut évidemment s'entendre sur le sens du mot. Il ne s'agit pas, pour lui, de célébrer le bonheur dans l'ignorance, comme le fera Bernardin de Saint-Pierre. Il n'est hostile ni à la science, ni à la culture, ni aux lettres, ni au théâtre, ni à la musique. Locke est son héros, comme Newton est son saint. L'ignorance dont il parle est celle qui entoure les grands problèmes qui n'ont jamais cessé de tarauder l'humanité : d'où venons-nous ? où allons-nous ? l'univers a-t-il été créé ? si oui, comment et par qui ? Les systèmes et les religions révélées qui prétendent en donner la clé ne produisent, en définitive, que des dogmes, des fanatismes, des conflits, tout en flattant la présomption humaine. La sagesse sera de renoncer à ces réconfortantes certitudes.

Certes, ce renoncement est l'aveu de notre faiblesse, de notre incapacité à trouver les réponses définitives aux grands questionnements. Ce n'est pas une attitude exaltante ou grandiose, mais au contraire le signe d'une profonde modestie et l'abandon de rassurantes illusions. Aussi Voltaire peut-il se dire, en février 1766, dans une lettre à Mme Du Deffand, «plongé dans la métaphysique la plus triste et la plus épineuse».[1] Au plan strictement philosophique, ce livre est donc un peu son testament, son dernier mot sur la question.

Ses amis et alliés «philosophes» le lui reprocheront amèrement, surtout celui qu'on a pu comparer à Prométhée, ce chercheur sans limites qui s'appelait Diderot et pour qui le savoir était synonyme de dépassement et d'audace.

Le Philosophe ignorant (titre que Voltaire reprendra rapidement après lui avoir substitué en 1767, on ne sait pourquoi, le titre sans grâce *Les Questions d'un homme qui ne sait rien*) est parcouru et soutenu avec une grande habileté par un fil conducteur. L'itinéraire du livre conduira le lecteur des vastes questions métaphysiques du «Premier Doute» jusqu'aux premiers signes d'un «Commencement de raison», ce qu'il appelait ailleurs la «grande révolution» du siècle (expression qui deviendra un piège sémantique, car Voltaire ne songe nullement à une prochaine révolution économique et politique). D'un bout à l'autre de sa démonstration, il insiste sur l'importance des limites inéluctables qui laissent l'homme «à [son] ignorance et à [ses] vaines conjectures». Vont défiler ensuite, une à une, les questions majeures et les doutes qu'elles suscitent. Les philosophies, anciennes et modernes, seront convoquées brièvement en temps utile, ce qui permettra à l'auteur d'en revenir toujours à nos multiples «ignorances».

La première leçon de modestie, la plus essentielle, consistera à dénoncer notre fâcheuse tendance à l'anthropocentrisme : l'homme n'est pas le roi de la nature, comme il le croit ; il en serait plutôt l'esclave. Il est, de tous les animaux, le plus faible et le plus démuni à sa naissance. Ses idées ne lui viennent que petit à petit, selon un mode qui nous échappe, tout comme nous échappe le rapport entre le physique et le mental, entre notre nourriture et notre pensée. Voltaire ne croit pas en une âme immatérielle qui pourrait agir sur le corps dont elle serait distincte. Il constate que les questions métaphysiques sur l'être, l'esprit et la matière laissent indifférente la majorité des humains. Lui-même admet qu'elles «ne sont pas notre partage», mais il confesse son insatiable curiosité et justifie ainsi l'enquête qu'il se propose d'entamer.

Elle le conduira à ruiner la succession des grandes philosophies et à mettre en doute une série de concepts sur lesquels elles s'appuient, qu'il s'agisse de la substance, de la liberté d'indifférence, des monades de Leibnitz ou des formes plastiques de Cudworth. Certes, il croit en un Etre éternel, c'est-à-dire en un Dieu créateur et rémunérateur, mais il avoue ne rien pouvoir affirmer de plus que son existence nécessaire. Il combat les

---

1. Voir l'extrait reproduit ci-dessous, p.ix

idées de Spinoza plus longuement que celles des autres penseurs, avec un embarras qui témoigne de l'attrait qu'a exercé sur lui ce «système spécieux» qu'il a d'ailleurs mal compris.

En revanche Voltaire rejette avec force la relativité de la morale. Elle est, pour lui, l'expression de l'Intelligence suprême, et elle est donc par définition universelle et intemporelle, indépendante des lois, des conventions et des religions. Sur ce point, il s'opposera vigoureusement au «sage Locke», son mentor en tant de matières. Son admiration irait plutôt au «grand Confucius», qui sut isoler la morale du culte et des rites. Ce sont les fanatismes religieux qui ont fait de l'histoire un ramassis de crimes et d'atrocités, de haines et de proscriptions. Voltaire salue à son époque le «commencement de la raison», mais il invite son lecteur à la vigilance, car «le monstre subsiste encore» et «quiconque recherchera la vérité risquera d'être persécuté» (Doute LVI).

Exprimée ici avec autant de force que d'insistance, l'idée de notre faiblesse et de notre ignorance reviendra comme un leitmotiv dans les œuvres ultérieures de Voltaire. Dans le traité *Des singularités de la nature* (daté de 1768, paru en 1769 dans le tome VIII de la réédition des *Nouveaux mélanges*), le chapitre 34, intitulé «Ignorances éternelles», s'achève sur la phrase : «Si, après ces réflexions, on ne sait pas douter, il faut qu'on soit bien fier.» Dans le dialogue *L'A.B.C.* (également de 1768) le personnage A. proclamera : «Moi! je ne suis sûr de rien et je puis me tromper tous les jours.»

L'originalité du *Philosophe ignorant* est donc moins dans ses arguments, dispersés dans de multiples écrits, ou dans son message, qui revient comme un motif obsédant dans sa correspondance, que dans sa structure, dans sa présentation et dans l'intensité de son accent. Il se dégage de certains passages une authentique émotion intellectuelle : «Ainsi arrêtés dès le premier pas, et nous repliant vainement sur nous-mêmes, nous sommes effrayés de nous chercher toujours et ne nous trouver jamais. Nul de nos sens n'est explicable» (ch.XI, «Désespoir fondé») ou encore «Voilà bien des voyages dans des terres inconnues, ce n'est rien encore. Je me trouve comme un homme qui ayant erré sur l'Océan, en apercevant les îles Maldives dont la mer Indienne est semée, veut les visiter toutes» (ch.XXV, «Absurdités»).

S'il se dit ignorant, Voltaire se veut pourtant aussi philosophe, mais il a compris que s'il tient à toucher un large public, il doit renoncer à l'obscurité du vocabulaire philosophique ainsi qu'au ton dogmatique et péremptoire qui caractérisait la majorité des traités. Il va donc pratiquer dans son texte un découpage radical qui l'aère en quelque sorte et qui en soulage la lecture. Certains de ses chapitres n'ont que quatre à cinq lignes et la plupart occupent moins d'une page. L'auteur n'hésite pas à parler à la première

personne, à préférer l'interrogation à l'affirmation et à miner insidieuse-
ment les idées reçues tout en se disant « l'homme qui ne sait rien ».
Enfin, derrière cette stratégie à la fois langagière, littéraire et idéologique, on
perçoit la présence d'une ironie discrète, toujours aussi subtile, cachée sous
les apparences du désarroi, mais qui atteste une fois encore la maîtrise de
l'éblouissant artiste de la langue française.

Publication et diffusion

En même temps qu'il rassemblait l'impressionnant arsenal critique du
Recueil nécessaire, dans lequel l'*Examen important de milord Bolingbroke* devait
saper définitivement l'autorité de la Bible et du christianisme, Voltaire
rédigeait une sorte de credo philosophique où il exprimait une fois de plus
son profond scepticisme et prenait ouvertement ses distances à l'égard des
nouveaux matérialistes, trop sûrs à son gré de leur science et de leur
importance. Le *Philosophe ignorant* précède ainsi de quelques mois la bombe
antichrétienne de l'*Examen*, dont il n'a ni la violence, ni l'âpreté, mais dont il
partage l'esprit de doute et la méfiance à l'endroit des idées reçues.
La discrétion dont Voltaire est coutumier dans la préparation de ses
ouvrages ne nous permet pas de dater avec précision la rédaction de ce petit
traité de métaphysique, qui se présente plutôt comme un refus de toute
métaphysique et comme une profession d'humilité. La seule indication
relative à la genèse du livre se trouve dans une lettre du 19 février 1766
adressée à madame Du Deffand.[2] Le ton de cette confidence est caractérisé
par un mélange d'amertume et de détachement. Rarement Voltaire s'est
montré aussi catégorique dans sa dénonciation des systèmes philosophiques et de la présomption orgueilleuse de leurs créateurs. On peut donc,
sans trop d'hésitation, dater de l'hiver 1765-1766 la rédaction (sinon
l'élaboration première) du *Philosophe ignorant*. Voici d'ailleurs le début de
cette lettre fort importante :

> Il y a un mois, Madame, que j'ai envie de vous écrire tous les jours, mais je me
> suis plongé dans la métaphisique la plus triste et la plus épineuse, et j'ai vu que je
> n'étais pas digne de vous écrire. Vous me mandâtes par vôtre dernière Lettre que
> nous étions assez d'accord tout deux sur ce qui n'est pas ; je me suis mis à
> rechercher ce qui est. C'est une terrible besogne, mais la curiosité est la maladie
> de l'esprit humain. J'ai du moins la consolation de voir que tous les fabricateurs
> de systèmes n'en savent pas plus que moi, mais ils font tous les importants, et je ne
> veux pas l'être. J'avoue franchement mon ignorance.
> Je trouve d'ailleurs dans cette recherche, quelque vaine qu'elle puisse être, un
> assez grand avantage ; l'étude des choses qui sont si fort au dessus de nous

2. *Correspondence and related documents* (ci-après D), éd. Th. Besterman, dans *Les Œuvres complètes de Voltaire* 85-135 (1968-1977), D13179.

rendent les intérêts de ce monde bien petits à nos yeux, et quand on a le plaisir de
se perdre dans l'immensité, on ne se soucie guères de ce qui se passe dans les rues
de Paris. L'étude a celà de bon qu'elle nous fait vivre très doucement avec nous
mêmes, qu'elle nous délivre du fardeau de nôtre oisiveté, et qu'elle nous
empêche de courir hors de chez nous pour aller dire et écouter des riens d'un
bout d'une ville à l'autre. Ainsi, au milieu de quatre vingt lieues de montagnes de
neiges assiégé par un très rude hiver, et mes yeux me refusant le service, j'ai passé
tout mon temps à méditer. Ne méditez vous pas aussi ? Madame, ne vous vient-il
pas quelquefois cent idées sur l'éternité du monde, sur la matière, sur la pensée,
sur l'espace, sur l'infini ? je suis tenté de croire qu'on pense à tout celà quand on
n'a plus de passions, et que tout le monde est comme Matthieu Garo qui
recherche pourquoi les citrouilles ne viennent pas au haut des chênes.

Il est possible, et même probable, que l'ouvrage était achevé lorsque
Voltaire le résumait ainsi à l'intention de son amie parisienne. Comment les
libraires de Genève auraient-ils pu, sinon, l'annoncer en avril 1766 (ainsi
qu'en fait foi le post-scriptum d'une lettre admirative et respectueuse
envoyée de Grenoble par le procureur Servan, le 30 avril 1766 ;
D13276) ? La vente débute, en tout cas, au mois de mai 1766 (voir la
lettre de Voltaire à Damilaville du 21 mai ; D13307). Un des premiers à
recevoir le livre sera Frédéric-Melchior Grimm, qui en publiera un compte
rendu assez étendu dans la *Correspondance littéraire* du 1er juin 1766,[3] ce qui
inciterait à avancer d'un mois l'envoi de la lettre assez délibérément obscure
de Gabriel Cramer à Grimm, que M. Besterman situe vers juin-juillet 1766
(D13381), si nous ne savions que les livraisons de la *Correspondance littéraire*
sont généralement antidatées à cette époque.[4]

Voltaire rapportait plaisamment à Damilaville : « On dit qu'il est
imprimé à Londres » (D13307).[5] Les lettres de et à Gabriel Cramer
prouvent que l'édition princeps est, de toute évidence, genevoise et qu'elle
s'est faite sous la surveillance directe et constante de l'auteur. Ainsi, Voltaire
estime inopportun de publier simultanément *Le Philosophe ignorant* et son
Avis au public sur les parricides imputés aux Calas et aux Sirven, destiné à un tout
autre public, celui des princes protestants d'Allemagne (D13342). Il insiste
auprès de Cramer pour que celui-ci annexe au *Philosophe ignorant* le
dialogue *André Destouches à Siam*, « sans quoy il n'y aurait pas moyen d'en
faire usage », remarque importante et dont les éditeurs ultérieurs se sont
peu souciés (D13362). Il se préoccupe d'un dessin qui, selon M. Besterman,
pourrait être destiné à représenter emblématiquement la démarche de
l'esprit humain telle qu'elle est résumée dans *Le Philosophe ignorant* : « une

---

3. Grimm, *Correspondance littéraire* (1877-1882), vii.49-54.

4. Voir U. Kölving et J. Carriat, *Inventaire de la « Correspondance littéraire » de Grimm et Meister*,
SVEC 225-227 (1984), i.xx-xxii.

5. Il y eut effectivement une édition anglaise : *Le Philosophe ignorant, avec un avis au public sur
les parricides imputés aux Calas et aux Sirven* (Londres 1766).

planche assez bizarre [...] trois aveugles qui cherchent à tâtons un âne qui s'enfuit. C'est l'emblème de tous les philosophes qui courent après la vérité. Je me tiens un des plus aveugles, et j'ay toujours couru après mon âne. C'est donc mon portrait que je vous demande» (à Fyot de La Marche, le 3 mars 1766 ; D13194). Pour autant que nous sachions, aucune des éditions de l'*Ignorant* ne comporte cette planche, à laquelle Voltaire a probablement dû renoncer.

Mais bientôt vont surgir de graves difficultés qui feront obstacle à la diffusion en France du petit in-octavo de Cramer. Déjà Grimm signale, dans son compte rendu du 1er juin 1766, que la brochure est introuvable à Paris. Un peu plus tard, Voltaire lui-même recommande la patience et la discrétion au fidèle Damilaville : « l'ignorant doit rentrer dans sa coquille, et ne se montrer de plus de six mois» (le 28 juillet 1766 ; D13456).

La raison de cette prudence est d'abord d'ordre politique, et même policier. L'exécution atroce du chevalier de La Barre dépasse en horreur tout ce que Voltaire avait imaginé, et elle l'implique en même temps comme responsable moral des écarts du jeune contestataire. Voltaire est partagé entre la terreur et le dégoût, mais il comprend aussi que le moment est mal venu de prendre des risques ou de provoquer le gouvernement. D'ailleurs son correspondant parisien François Marin, censeur de police et secrétaire général de la Librairie, l'exhorte à la plus extrême réserve. Le 16 juillet 1766 : «Cet *Ignorant* qui ne l'est pas, Monsieur, auroit eu les petites entrées sans cette queue qui se trouvoit en effet déplacée dans de malheureuses circonstances» (D13425), et trois jours plus tard (D13432) :

> j'ai vû le libraire qui est en correspondance avec MM. Cramer pour lui conseiller de ne prendre aucune voye détournée pour faire venir de *l'ignorant*. Il m'a répondu que le ballot étoit déjà en chemin, qu'il n'y avoit pas moyen de faire rebrousser chemin au Voiturier, mais qu'il arrêteroit ce pacquet aux environs de Paris et qu'il ne l'y feroit point entrer [...] Il est des tems où l'on peut tout risquer, il en est d'autres où les choses les plus innocentes tirent à conséquence et pour votre repos et votre tranquillité. Il est bon de garder pendant quelque tems le silence.

Pendant quelques mois, le livre n'est donc connu en France que d'un petit nombre de privilégiés qui en ont obtenu un exemplaire sans passer par l'intermédiaire des libraires. Sans doute est-ce à eux que songeait Voltaire lorsqu'il réclamait à Gabriel Cramer, à la fin du mois d'août 1766, « deux douzaines de Philosophes ignorants» (D13528). Madame Du Deffand devait être du nombre, puisqu'elle écrit à Voltaire le 18 septembre : « j'ay lû en dernier lieu le philosophe ignorant» (D13567), alors qu'elle déclarait encore le 13 août, dans une lettre à Walpole : « Je n'ai point lu *Le Philosophe ignorant*» (D13493, commentaire).

Aux difficultés policières s'ajoutent les tracasseries du syndicat des libraires, que les éditions étrangères de Voltaire introduites subrepticement en France lèsent considérablement sur le plan commercial. A Helvétius, qui lui a demandé un exemplaire, Voltaire répond le 27 octobre : «Je n'ai pas actuellement un seul philosophe ignorant. Toute l'édition que les Cramers avaient faitte, et qu'ils avaient envoiée en France leur a été renvoiée bien proprement par la chambre sindicale, elle est en chemin, et je n'en aurai que dans trois semaines» (D13626). Il faudra attendre le 3 janvier 1767 pour qu'Helvétius dispose enfin d'un exemplaire, et en félicite l'auteur (D13797).

En décembre encore, d'Holbach envie un correspondant anonyme[6] qui vit à proximité de la Suisse et qui connaît «sans doute, mieux que nous, dont on ménage la délicatesse, le *Recueil nécessaire*, le *Christianisme dévoilé*, l'*Examen* de Fréret, le *Philosophe ignorant*, et toutes ces autres bombes terribles dont on accable notre antique édifice» (D.app.287). Le fait qu'il assimile *Le Philosophe ignorant* à ces brûlots antichrétiens montre assez que d'Holbach en ignore le contenu précis.

La vraie diffusion de la brochure débute donc dans les premiers mois de 1767, lorsque les inquiétudes de Voltaire se sont quelque peu apaisées. En décembre 1766, il est question, dans la correspondance de Voltaire avec Gabriel Cramer, de ballots de livres auxquels il faudra joindre quelques «philosophes ignorants» (D13730 et D13743).

La curiosité n'en sera que plus grande, en France et à l'étranger. On a vu l'impatience d'Helvétius et d'Holbach. A Gotha, la duchesse Louise-Dorothée de Meiningen, grande lectrice de livres «philosophiques», s'informe le 12 octobre auprès de l'écrivain : «j'ai entendu parler d'un nouvau Livre, qui exite toute ma curiosité, et tous mes désirs ; il s'apelle Le philosophe ignorant» (D13606), et elle le prie de le lui procurer, ou de lui dire où elle pourrait le trouver. Voltaire lui répond fort aimablement le 27 octobre 1766 (D13627) :

> Je n'ai que ce seul éxemplaire, j'en détache la couverture affin qu'il puisse arriver plus commodément par la poste. L'ouvrage ne vaut pas le port. Cent soixante et dix pages[7] pour dire qu'on ne sait rien sont des pages fort inutiles, mais les livres de ceux qui croient savoir quelque chose sont plus inutiles encor [...] Vôtre Altesse Sérénissime recevra donc mes haillons avec bonté. Vos lumières sont bien capables de me faire l'aumône. Les articles où l'on parle de la charlatanerie des savants pourront bien vous ennuier, mais les derniers chapitres pourront vous amuser. Il est du moins permis à un ignorant comme moi de plaisanter.

---

6. On a longtemps cru que la lettre était adressée à Voltaire lui-même, mais les deux hommes ne se connaissaient pas personnellement. D'ailleurs, le ton et les allusions excluent l'hypothèse d'un envoi de cette lettre à Ferney.

7. Il s'agit donc bien de l'édition Cramer (Genève 1766).

En novembre et décembre 1768, *Le Philosophe ignorant* figurera en bonne place dans le catalogue de livres «philosophiques» vendus sous le manteau par le chevalier de Chiniac de La Bastide Du Claux et dans son offre au libraire parisien Laurent (D15288 et D15386). Enfin, les six rééditions de 1766 et 1767 attestent le succès initial du livre. Il semble pourtant que cette vogue ne se soit pas maintenue au-delà de 1767, et qu'à un intérêt fondé avant tout sur la curiosité ait succédé bientôt une certaine déception. Celle-ci se manifeste dans les trop rares réactions contemporaines dont nous allons rapporter l'essentiel.

Un accueil mitigé

Lorsqu'à la fin de 1766 Helvétius parvient enfin à se procurer *Le Philosophe ignorant*, il en accuse réception à Voltaire en des termes assez vagues qui n'engagent guère son jugement sur le livre lui-même : «j'en aime et admire L'auteur, je suis très content des raisonnements, et enchanté de ses fables» (D13797), ce qui vise peut-être *l'Aventure indienne* et le dialogue *André Destouches à Siam*, car le mot «fable» ne convient absolument pas aux petits chapitres de l'*Ignorant*.

Dans l'intimité de madame Du Deffand, on ne cache guère sa déception. Le patriarche de Ferney se mettrait-il à radoter ? La marquise écrit à Horace Walpole le 13 août 1766 : «Je n'ai point lu *Le Philosophe ignorant*. Je m'en informai hier, et Pont-de-Veyle me dit qu'on ne croyait pas qu'il fût de Voltaire ; je pense de même, puisque vous le trouvez ennuyeux» (D13493, commentaire). Trois semaines plus tard, lorsqu'elle a lu l'opuscule, elle lâche ce jugement dédaigneux : «c'est peu de chose, il ne vous plairait pas».

Elle changera d'avis dans une lettre du 22 août 1770, mais il semble surtout qu'elle y éprouve un malin plaisir à opposer Voltaire à lui-même et à lui rappeler ses leçons de scepticisme (D16606) :

> Mon cher Voltaire, ne vous ennuyez vous pas de tout les raisonnement métaphisiques, sur les matières inintelligibles ? Ils sont à mon avis ce que le claveçin du père Castel étoit pour les sourds. Peut on donner des idées et peut on en admettre d'autres que celles que nous recevons par nos sens ? [...] De tout ce qu'on a Ecrit sur ces matières, c'est le *philosophe ignorant* et *la religion naturelle* que Je lis avec [le] plus de plaisir. Je ne me tourmente point à chercher à connoître ce qu'il est impossible de concevoir ; l'éternité, le commencement, le plein, le wide : quel choix peut t'on faire ?

Si de fervents voltairiens comme Pont-de-Veyle, si des intimes comme madame Du Deffand se permettent des réserves ou préfèrent s'abstenir de commentaires, on comprend mieux la réaction plutôt froide, le ton parfois acerbe, du porte-parole des amis de Diderot et d'Holbach. Il n'est pas

impossible que Diderot ait inspiré dans une large mesure le compte rendu
critique publié par Grimm le 1er juin 1766 dans sa *Correspondance littéraire*.
Certes, l'article commence par affirmer la solidarité des «philosophes»
en face des gouvernements et de leur funeste politique d'intolérance. Mais il
se montre beaucoup moins chaleureux lorsqu'il s'agit de présenter le livre
lui-même. Parlant du dialogue *André Destouches à Siam*, Grimm se borne à
remarquer : «cette tournure n'est point neuve, et M. de Voltaire lui-même
s'en est servi plus d'une fois», autant dire que le patriarche se répète et que
son génie fléchit. On songe à l'archevêque de Grenade jugé par le fidèle Gil
Blas. Le *Philosophe* lui-même n'est pas mieux traité. «Le plan du *Philosophe
ignorant* était excellent, mais l'exécution n'y répond que faiblement [...] à
peine a-t-il faiblement effleuré la surface des choses.» L'esprit de doute
systématique a égaré Voltaire et lui a inspiré des affirmations ou des
adhésions qui sont la marque d'une pensée timorée. «Il dit à tout
moment, par faiblesse : *Je comprends*, lorsque sa conscience lui dit certainement et nettement : *Je ne comprends pas*.» Grimm prend, contre Voltaire, la
défense du spinozisme, et il en profite pour attaquer le déisme voltairien
dans son principe même, visant ainsi une des convictions les plus
inébranlables du patriarche afin d'en montrer le caractère vulnérable :

> Tout ouvrage démontre un ouvrier ; mais qui vous a dit que l'univers est un
> ouvrage ? Vous convenez ailleurs [...] que tout est nécessaire, et qu'il n'y a point
> de raison pour que l'existence ait commencé ; et puis, vous venez me parler
> d'ouvrage et d'ouvrier : vous voulez sans doute jouer avec les mots.

Selon Grimm (qui fait écho ici au matérialisme de Diderot), «cela est bon
pour professer un article de foi : M. Pluche est un raisonneur de cette
espèce». Et il ajoute : «Moi, j'en conclus simplement que le mouvement et
l'énergie de la matière sont des qualités certaines, existantes, agissantes,
quoiqu'elles soient réellement incompréhensibles». Là-dessus, il dénonce
sur un ton de plus en plus agressif «la sottise de lier le système
métaphysique, où tout est ténèbres, avec les idées morales, où tout est
clair et précis», avant d'apostropher personnellement «mon cher Philosophe ignorant qui faites l'enfant».
Après avoir pris la défense du spinozisme, Grimm se fait le champion du
hobbisme et accuse Voltaire, une fois de plus, de se payer d'"un jeu de mots
assez puéril». En somme, ce philosophe ignorant ne serait guère digne du
beau nom de «philosophe».
On a coutume de dater de 1770, et plus précisément de la publication du
Système de la nature, la rupture entre Voltaire et la «synagogue holbachi-
que». On voit que la coupure était déjà manifeste plusieurs années
auparavant et que Voltaire apparaissait, dès 1766, comme un penseur
trop prudent, dépassé par l'aile radicale du mouvement «philosophique».

Il ne faisait pourtant que proclamer sa fidélité à une position qui avait été la sienne depuis l'*Epître à Uranie* et le *Traité de métaphysique*. Le retentissement limité du *Philosophe ignorant* tient peut-être à ce qu'il n'apportait rien de neuf aux lecteurs habituels du patriarche. Plutôt qu'une œuvre originale, *Le Philosophe ignorant* est une synthèse et un bilan. Elle témoigne, en tout cas, de la constance et de l'unité de la pensée voltairienne dans les structures fondamentales de sa vision du monde.

Note sur le texte[8]

On connaît sept éditions séparées du *Philosophe ignorant* datées des années 1766 et 1767, dont une sortie des presses de Cramer à Genève. Voltaire remania quelques endroits du texte pour les *Nouveaux mélanges* de 1767, et adopta un nouveau titre, *Les Questions d'un homme qui ne sait rien*.

L'édition choisie comme texte de base est l'édition originale sortie des presses de Cramer en 1766, qui présente la subdivision en « Doutes », plus conforme à l'esprit du livre que celle en « Questions », adoptée à partir de 1767 dans les *Nouveaux mélanges*. Cette première édition du *Philosophe ignorant* semble avoir été remaniée avant sa publication. Les pages 155 et suivantes auraient été consacrées à l'*Avis au public sur les parricides imputés aux Calas et aux Sirven*, texte qui, selon Marin (D13425), a empêché la distribution du volume à Paris. Il aurait été éliminé, et remplacé par le « Supplément », *André Destouches à Siam* (voir D13342 et D13362). On ne connaît pas d'exemplaire de cette édition dans son état primitif, mais il est probable que c'est ainsi qu'il fut envoyé à l'éditeur anglais (l'édition de Londres 1766). Nous avons décidé de supprimer les trois derniers *Doutes* (ou *Questions*) LVII, LVIII et LIX, nous conformant ainsi à la pratique de Voltaire à partir de l'édition de 1767. Ces trois chapitres ont très peu de rapport avec le sujet, et l'*Aventure indienne* (Doute LVIII) est un conte philosophique ayant sa propre finalité.

Le traitement du texte de base respecte l'orthographe des noms propres de personnes et de lieux. Les italiques du texte de base sont conservés, sauf dans le cas des noms propres de personnes. La ponctuation est aussi scrupuleusement respectée, à deux exceptions près : les guillemets au long sont remplacés par des guillemets ouvrants et fermants ; le point qui suit presque toujours les chiffres romains et arabes a été supprimé ou, le cas échéant, remplacé par une virgule. Par ailleurs, le texte a fait l'objet d'une modernisation portant sur la graphie, l'accentuation et la grammaire.

---

8. Pour des précisions sur toutes les éditions et les particularités de graphie, voir *Le Philosophe ignorant*, éd. R. Mortier, dans les *Œuvres complètes de Voltaire* 62 (1987), p.11-24.

Bibliographie

Voltaire électronique (Oxford 1998) contient l'œuvre intégrale de Voltaire en un seul cédérom, permettant au lecteur de mener des recherches très précises.

Voltaire, *Le Philosophe ignorant*, éd. R. Mortier, dans les *Œuvres complètes de Voltaire* 62 (1987).
– *Le Philosophe ignorant*, éd. avec une introduction par J. L. Carr (Londres 1965).
– *Le Philosophe ignorant*, éd. avec une introduction par J. H. Brumfitt (Genève 1964).
– *Il Filosofo ignorante*, éd. avec une introduction par M. Cosili (Milan 1996).

Voltaire, *Correspondence and related documents*, éd. Th. Besterman, dans *Œuvres complètes de Voltaire* 85-135 (1974-1975), D13179, D13194, D13276, D13307, D13342, D13362, D13381, D13425, D13432, D13456, D13493, D13528, D13567, D13606, D13626, D13627, D13730, D13743, D13797, D15288, D15386, D16606, D.app.287.

J.-R. Carré, *La Consistance de Voltaire le philosophe* (Paris 1932).
A. Delattre, *Voltaire l'impétueux* (Paris 1957).
J. Domenech, *L'Ethique des Lumières* (Paris 1989).
H. T. Mason, *Pierre Bayle and Voltaire* (London 1963).
G. Pellissier, *Voltaire philosophe* (Paris 1908).
R. Pomeau, *La Religion de Voltaire*, réédition (Paris 1969).
– *Voltaire en son temps*, nouvelle édition, revue et corrigée, 2 tomes (Oxford 1995).
J. Roger, *Les Sciences de la vie dans la pensée française du 18e siècle* (Paris 1963).
R. Trousson, J. Vercruysse et J. Lemaire, *Dictionnaire de Voltaire* (Bruxelles 1994).
A. Versaille, *Dictionnaire de la pensée de Voltaire* (Bruxelles et Paris 1994).
Ira O. Wade, *The Intellectual development of Voltaire* (Princeton 1969).
– « The first edition of the *Philosophe ignorant* », dans *The Search for a new Voltaire : studies based upon material deposited at the American Philosophical Society, TAPS* 48, part 4 (1958), p.49-52.

CHRONOLOGIE DE VOLTAIRE

1694	Voltaire naît à Paris, de son nom de famille, François-Marie Arouet.
1704-1711	Il poursuit des études brillantes au collège des jésuites de Louis-le-Grand.
1711	Selon le vœu paternel, Voltaire s'inscrit à la faculté de droit.
1713	Après avoir déserté la faculté, Voltaire accompagne une mission diplomatique à La Haye, et s'en fait renvoyer pour cause d'incartade amoureuse.
1715	Louis XIV meurt ; régence de Philippe d'Orléans.
1716-1717	Voltaire est exilé au château de Sully-sur-Loire et enfermé à la Bastille pendant onze mois pour des vers satiriques sur le Régent.
1718	Il adopte le nom de Voltaire. Il remporte son premier grand succès avec *Œdipe*.
1723	Il publie sa première version de *La Henriade*, poème épique.
1725	Il travaille pour la cour.
1726-1728	Ayant reçu la bastonnade par ordre du chevalier de Rohan, Voltaire cherche à se battre en duel ; il est embastillé et puis autorisé à partir pour l'Angleterre où il réside pendant deux ans. Il y découvre Shakespeare, Ben Jonson et les comédies de la Restauration.
1731	*L'Histoire de Charles XII.*
1732	Succès triomphal de *Zaïre*, tragédie.
1733	*Temple du goût.* Il se lie avec Mme Du Châtelet.
1734	Menacé d'arrestation après la publication des *Lettres philosophiques* Voltaire s'enfuit à Cirey, en Champagne, chez son amie Mme Du Châtelet.

1736	Début de la correspondance de Voltaire avec le futur roi de Prusse, Frédéric II, commencée par une lettre flatteuse du prince. A la suite du scandale provoqué par la parution du *Mondain* Voltaire s'enfuit en Hollande.
1737	Au retour des Pays-Bas, Voltaire rejoint Mme Du Châtelet à Cirey, où ils font ensemble une lecture critique de la Bible.
1740	Avènement de Marie-Thérèse d'Autriche et Frédéric II, roi de Prusse. Voltaire rencontre Frédéric, qui veut le garder à sa cour.
1741	Triomphe de *Mahomet*.
1743	Les frères d'Argenson, anciens condisciples de Voltaire, deviennent ministres. Voltaire accomplit une mission secrète à Berlin.
1745	Nommé historiographe du roi, Voltaire devient poète de cour.
1746	Voltaire est nommé gentilhomme ordinaire de la chambre du roi, et élu à l'Académie française. Début secret de sa liaison avec sa nièce, Mme Denis, veuve depuis deux ans.
1747	Voltaire et Mme Du Châtelet doivent fuir Paris suite à un mot imprudent prononcé au jeu de la reine. Parution de la première version de *Zadig*.
1748	Séjour de Voltaire à la cour du roi Stanislas, beau-père de Louis XV, à Lunéville. Mme Du Châtelet se lie avec le jeune poète Saint-Lambert.
1749	Mme Du Châtelet meurt en accouchant de l'enfant conçu avec Saint-Lambert. Bouleversé, Voltaire retourne à Paris où il s'installe chez Mme Denis.
1750-1753	Nommé chambellan de Frédéric II, Voltaire part pour Berlin. Publication en 1751 du premier tome de l'*Encyclopédie* et du *Siècle de Louis XIV*, et en 1752 de *Micromégas*. Après un début idyllique se produisent les premiers froissements avec Frédéric. En 1752 Voltaire prend le mauvais parti dans une querelle contre Maupertuis, directeur de l'Académie de Berlin, Frédéric fait brûler le pamphlet (anonyme) de Voltaire contre Maupertuis. Voltaire quitte Berlin, et à peine arrivé à

Francfort se trouve arbitrairement emprisonné, sans doute sur ordre de Frédéric.

1753-1755   Interdit par Louis XV d'approcher Paris, Voltaire séjourne en Alsace, puis s'installe avec Mme Denis aux Délices, dans la banlieue de Genève. Recruté par d'Alembert, il fournit des articles à l'*Encyclopédie* jusque dans l'année 1758. Le tremblement de terre de Lisbonne lui inspire le *Poème sur le désastre de Lisbonne*. Début de la gestation de *Candide*.

1756   La guerre de Sept ans commence. Voltaire intervient en philosophe, mais sans succès, en faveur de l'amiral anglais John Byng, injustement accusé de trahison après une victoire française. Publication de l'*Essai sur les mœurs* et de la première édition de ses œuvres (Cramer, Genève).

1757   L'article «Genève» de l'*Encyclopédie*, rédigé par d'Alembert, fait scandale à Genève. L'attentat de Damiens contre Louis XV sert de prétexte aux antiphilosophes. La publication de l'*Encyclopédie* est interrompue. Voltaire essaie de négocier une paix séparée entre la France et la Prusse. La correspondance est renouée avec Frédéric II.

1758   Rédaction de *Candide*. Voltaire achète Ferney et Tourney en territoire français, à la frontière suisse. A Versailles et à Paris, la campagne antiphilosophique fait rage. La troupe des encyclopédistes se désunit. La guerre européenne s'aggrave.

1759   Succès triomphal de *Candide*. Voltaire publie divers pamphlets contre les ennemis des philosophes. L'*Encyclopédie* est interdite de publication.

1760   Voltaire s'installe définitivement à Ferney en compagnie de Mme Denis.

1761   Les *Lettres sur « La Nouvelle Héloïse »* signalent le début des hostilités publiques contre Jean-Jacques Rousseau. Le parlement de Paris entame le procès qui aboutira à la suppression des jésuites. Voltaire tente vainement de sauver de la mort un pasteur du Languedoc, coupable de célébrer le culte protestant interdit.

1762   Voltaire commence une campagne de trois ans autour de l'affaire Calas. Catherine II prend le pouvoir en Russie.

1763   Fin de la guerre de Sept ans. Le Conseil du roi ordonne, contre les parlements, la révision du procès Calas. *Traité sur la tolérance.*

1764   Parution de deux éditions du *Dictionnaire philosophique*, œuvre conçue pendant le séjour en Prusse (1752).

1765   Réhabilitation de Calas ; Voltaire l'accueille comme « une victoire de la philosophie ». La publication des derniers volumes de l'*Encyclopédie* est autorisée.

1766   Parution de la première édition du *Philosophe ignorant.* Le chevalier de La Barre est supplicié et décapité pour les crimes de blasphème et impiété. Un exemplaire du *Dictionnaire philosophique*, trouvé chez lui, est jeté sur son bûcher. Terrifié, Voltaire passe brièvement en Suisse, mais il revient bientôt à Ferney sans encombre et y reçoit et protège un compagnon en fuite de La Barre.

1767   *L'Ingénu.*

1768   Voltaire envoie Mme Denis à Paris. Seul pendant plus d'un an, Voltaire redouble d'activité, entre autres : *La Princesse de Babylone* et *L'Homme aux quarante écus.*

1770-1772   Chute de Choiseul. A Paris des gens de lettres lancent un projet d'élever une statue à Voltaire de son vivant. Rédaction de *Questions sur l'Encyclopédie,* dans lequel Voltaire tente de mettre en dictionnaire, une seconde fois, toutes ses idées et convictions.

1773   Voltaire subit une crise de strangurie (troubles de la miction) et frôle la mort.

1774   Le Taureau blanc. Mort de Louis XV et avènement de Louis XVI, éduqué selon les principes éclairés, mais hostile à Voltaire.

1775   Voltaire obtient la suppression de la gabelle en pays de Gex (Ferney) grâce à Turgot, le philosophe et encyclopédiste appelé au poste de contrôleur général des finances par Louis XVI. Dernière collection complète de ses œuvres parue de son vivant, chez Cramer.

1776   *La Bible enfin expliquée*, résultat de trente années d'une critique passionnée de la Bible et de ses exégèses.

1778   Retour triomphal à Paris après vingt-huit ans d'absence ;
            apothéose et mort. Avant sa mort le 30 mai, il demande à
            se confesser et reçoit l'absolution, après s'être soumis à
            une rétractation écrite. Il déclare mourir « dans la religion
            chrétienne » et demande pardon à l'Eglise. Sa dépouille
            est inhumée en terre chrétienne dans l'abbaye de
            Scellières en Champagne.

1785-1789   Beaumarchais publie les œuvres complètes en soixante-dix
            volumes à Kehl en Allemagne.

1791   Les cendres de Voltaire sont transférées au Panthéon.

LE PHILOSOPHE IGNORANT

LE PHILOSOPHE IGNORANT.

M. DCC. LXVI.

Page de titre de l'édition originale imprimée par Cramer à Genève en 1766 (Institut et musée Voltaire, Genève).

TABLE DES DOUTES

I. *Qui es-tu ?* [p.5]
II. *De notre faiblesse.* [p.6]
III. *Comment peut-on penser ?* [p.6]
IV. *A quoi bon savoir tout cela ?* [p.7]
V. *Y a-t-il des idées innées ?* [p.8]
VI. *Des bêtes, c'est-à-dire, des animaux qui n'ont pas précisément le don de la parole.* [p.9]
VII. *De l'expérience.* [p.9]
VIII. *De la substance dont on ne sait rien du tout.* [p.10]
IX. *Des bornes étroites de l'entendement humain.* [p.11]
X. *Des découvertes impossibles à faire.* [p.11]
XI. *Du désespoir de rien connaître à fond.* [p.12]
XII. *Y a-t-il des intelligences supérieures ?* [p.13]
XIII. *L'homme est-il libre ?* [p.13]
XIV. *Tout est-il éternel ?* [p.16]
XV. *Intelligence qui préside au monde.* [p.18]
XVI. *De l'éternité.* [p.18]
XVII. *Incompréhensibilité de tout cela.* [p.19]
XVIII. *De l'infini qu'on ne comprend pas davantage.* [p.19]
XIX. *Dépendance entière de l'homme.* [p.20]
XX. *Encore un mot de l'éternité.* [p.21]
XXI. *Encore un mot de la dépendance de l'homme.* [p.21]
XXII. *Nouveaux doutes s'il y a d'autres êtres intelligents.* [p.22]
XXIII. *D'un seul artisan suprême.* [p.22]
XXIV. *Justice rendue à Spinosa et à Bayle.* [p.24]
XXV. *De beaucoup d'absurdités.* [p.29]
XXVI. *Du meilleur des mondes tout plein de sottises et de malheurs.* [p.31]
XXVII. *Des monades.* [p.33]
XXVIII. *Des formes plastiques.* [p.33]
XXIX. *De Locke.* [p.34]
XXX. *Le peu qu'on sait.* [p.38]
XXXI. *Y a-t-il une morale ?* [p.38]
XXXII. *Y a-t-il juste et injuste ?* [p.39]
XXXIII. *Consentement universel est-il preuve de vérité ?* [p.42]
XXXIV. *Contre Locke en l'estimant beaucoup.* [p.42]
XXXV. *Contre Locke encore.* [p.43]
XXXVI. *La nature est-elle toujours la même ?* [p.46]

XXXVII. *De Hobbes.* [p.47]

XXXVIII. *Morale universelle, malgré Hobbes.* [p.47]

XXXIX. *De Zoroastre, quoiqu'il y ait loin de Zoroastre à Hobbes.* [p.48]

XL. *Des brachmanes.* [p.49]

XLI. *De Confutsée, que nous nommons Confucius.* [p.49]

XLII. *De Pythagore.* [p.50]

XLIII. *De Zaleucus, article dont il faut faire son profit.* [p.50]

XLIV. *D'Epicure, plus estimable qu'on ne croit.* [p.51]

XLV. *Des stoïciens.* [p.52]

XLVI. *La philosophie est-elle une vertu?* [p.53]

XLVII. *D'Esope.* [p.53]

XLVIII. *La paix naîtra-t-elle de la philosophie?* [p.54]

XLIX. *Question, s'il faut persécuter les philosophes?* [p.54]

L. *La persécution n'est-elle pas une maladie qui ressemble à la rage?* [p.55]

LI. *A quoi tout cela peut-il servir?* [p.56]

LII. *Autres ignorances.* [p.56]

LIII. *Plus grande ignorance.* [p.58]

LIV. *Ignorance ridicule.* [p.59]

LV. *Pis qu'ignorance.* [p.59]

LVI. *Commencement de raison.* [p.59]

Premier doute[1]

Qui es-tu ? d'où viens-tu ? que fais-tu ? que deviendras-tu ? c'est une question qu'on doit faire à tous les êtres de l'univers, mais à laquelle nul ne nous répond. Je demande aux plantes quelle vertu les fait croître, et comment le même terrain produit des fruits si divers ? Ces êtres insensibles et muets, quoique enrichis d'une faculté divine, me laissent à mon ignorance et à mes vaines conjectures.

J'interroge cette foule d'animaux différents, qui tous ont le mouvement et le communiquent, qui jouissent des mêmes sensations que moi,[2] qui ont une mesure d'idées et de mémoire avec toutes les passions. Ils savent encore moins que moi ce qu'ils sont, pourquoi ils sont, et ce qu'ils deviennent.

Je soupçonne, j'ai même lieu de croire que les planètes, les soleils innombrables qui remplissent l'espace, sont peuplés d'êtres sensibles et pensants ;[3] mais une barrière éternelle nous sépare, et aucun de ces habitants des autres globes ne s'est communiqué à nous.

Monsieur le prieur, dans le *Spectacle de la nature*,[4] a dit à monsieur le chevalier, que les astres étaient faits pour la terre, et la terre, ainsi que les animaux, pour l'homme. Mais comme le petit globe de la terre roule avec les autres planètes autour du soleil, comme les mouvements réguliers et proportionnels des astres peuvent éternellement subsister sans qu'il y ait des hommes comme il y a sur notre petite planète infiniment plus

---

1. La subdivision en « Doutes » est plus conforme à l'esprit du livre que celle en « Questions ». La table de l'édition princeps porte d'ailleurs le titre « Table des doutes ». Il s'agit de souligner la dominante sceptique qui marque la pensée de Voltaire. En 1736 déjà, le *Traité de métaphysique* s'ouvrait sur un chapitre « Doutes sur l'homme ».

2. Voir l'article « Bêtes » du *Dictionnaire philosophique* (1764).

3. L'idée avait été popularisée par les *Entretiens sur la pluralité des mondes* (1686) de Fontenelle. Voltaire en avait tiré l'intrigue de *Micromégas* (1752). La question sera développée au chapitre 22.

4. Ouvrage en neuf volumes (1732 et suiv.) de l'abbé Noël Antoine Pluche, un des plus gros succès de la librairie française au dix-huitième siècle (*Bibliothèque de Voltaire : catalogue des livres*, Moscou et Leningrad 1961, no.2765, 2766). Malgré (ou à cause de) son anthropocentrisme naïf, il fit beaucoup pour la promotion et la diffusion des sciences naturelles dans le public. Dans l'article « Ciel des anciens » du *Dictionnaire philosophique*, Voltaire ironise sur ses scrupules religieux.

d'animaux que de mes semblables ; j'ai pensé que monsieur le prieur avait un peu trop d'amour-propre en se flattant que tout avait été fait pour lui. J'ai vu que l'homme pendant sa vie est dévoré par tous les animaux, s'il est sans défense, et que tous le dévorent encore après sa mort. Ainsi j'ai eu de la peine à concevoir que monsieur le prieur et monsieur le chevalier fussent les rois de la nature.[5] Esclave de tout ce qui m'environne, au lieu d'être roi, resserré dans un point, et entouré de l'immensité, je commence par me chercher moi-même.

II. *Notre faiblesse*

Je suis un faible animal ; je n'ai en naissant ni force ni connaissance, ni instinct ; je ne peux même me traîner à la mamelle de ma mère, comme font tous les quadrupèdes ; je n'acquiers quelques idées que comme j'acquiers un peu de force quand mes organes commencent à se développer. Cette force augmente en moi jusqu'au temps où ne pouvant plus s'accroître, elle diminue chaque jour. Ce pouvoir de concevoir des idées s'augmente de même jusqu'à son terme, et ensuite s'évanouit insensiblement par degrés.

Quelle est cette mécanique qui accroît de moment en moment les forces de mes membres jusqu'à la borne prescrite ? Je l'ignore ; et ceux qui ont passé leur vie à rechercher cette cause n'en savent pas plus que moi.[6]

Quel est cet autre pouvoir qui fait entrer des images dans mon cerveau, qui les conserve dans ma mémoire ? Ceux qui sont payés pour le savoir l'ont inutilement cherché ; nous sommes tous dans la même ignorance des premiers principes où nous étions dans notre berceau.

III. *Comment puis-je penser ?*

Les livres faits depuis deux mille ans, m'ont-ils appris quelque chose ? Il nous vient quelquefois des envies de savoir comment nous pensons, quoiqu'il nous prenne rarement l'envie de savoir comment nous digérons, comment nous marchons. J'ai interrogé ma raison ; je lui ai demandé ce qu'elle est ? Cette question l'a toujours confondue.

J'ai essayé de découvrir par elle, si les mêmes ressorts qui me font digérer,

5. Voltaire invoque de très anciens arguments contre les théodicées optimistes au dix-huitième siècle. Ses sarcasmes sur la prétendue royauté de l'homme rappellent le Montaigne de l'*Apologie de Raymond Sebon*.
6. Voir l'article «Ame» du *Dictionnaire philosophique*. Voltaire n'admet pas l'existence d'une âme immatérielle et éternelle, séparée du corps. La comparaison avec la machine est une image courante après 1750 (Bureau-Deslandes, La Mettrie, Diderot), mais Voltaire se garde bien de la systématiser.

qui me font marcher, sont ceux par lesquels j'ai des idées. Je n'ai jamais pu concevoir comment et pourquoi ces idées s'enfuyaient quand la faim faisait languir mon corps, et comment elles renaissaient quand j'avais mangé.

J'ai vu une si grande différence entre des pensées et la nourriture, sans laquelle je ne penserais point, que j'ai cru qu'il y avait en moi une substance qui raisonnait, et une autre substance qui digérait. Cependant, en cherchant toujours à me prouver que nous sommes deux, j'ai senti grossièrement que je suis un seul ; et cette contradiction m'a toujours fait une extrême peine.[7]

J'ai demandé à quelques-uns de mes semblables qui cultivent la terre notre mère commune, avec beaucoup d'industrie, s'ils sentaient qu'ils étaient deux, s'ils avaient découvert par leur philosophie qu'ils possédaient en eux une substance immortelle, et cependant formée de rien, existante sans étendue, agissant sur leurs nerfs sans y toucher, envoyée expressément dans le ventre de leur mère six semaines après leur conception ;[8] ils ont cru que je voulais rire, et ont continué à labourer leurs champs sans me répondre.

IV. *M'est-il nécessaire de savoir ?*

Voyant donc qu'un nombre prodigieux d'hommes n'avait pas seulement la moindre idée des difficultés qui m'inquiètent, et ne se doutait pas de ce qu'on dit dans les écoles, de l'être en général, de la matière et de l'esprit etc., voyant même qu'ils se moquaient souvent de ce que je voulais le savoir ; j'ai soupçonné qu'il n'était point du tout nécessaire que nous le sussions. J'ai pensé que la nature a donné à chaque être la portion qui lui convient ; et j'ai cru que les choses auxquelles nous ne pouvions atteindre ne sont pas notre partage. Mais malgré ce désespoir, je ne laisse pas de désirer d'être instruit, et ma curiosité trompée est toujours insatiable.[9]

---

7. Tout en refusant le dualisme radical de la philosophie spiritualiste, Voltaire conteste l'hylozoïsme du matérialisme moniste. Faire d'un Dieu l'origine de la vie et de la pensée lui permettra de résoudre cette contradiction.

8. S'inspirant d'Aristote, saint Augustin croyait à l'animation médiate du fœtus et considérait que le fœtus mâle n'était animé que quarante jours après la conception (le fœtus femelle à partir du quatre-vingtième). Voir J. T. Noonan, «The Catholic church and abortion», *Dublin review* 154 (1968), p.310-13.

9. Voltaire distingue bien entre les subtilités de l'«école», qu'il condamne au nom du sens commun, et l'irrépressible besoin de savoir qui nous anime.

v. *Aristote, Descartes et Gassendi*

Aristote commence par dire que l'incrédulité est la source de la sagesse ;[10] Descartes a délayé cette pensée, et tous deux m'ont appris à ne rien croire de ce qu'ils me disent. Ce Descartes surtout, après avoir fait semblant de douter, parle d'un ton si affirmatif de ce qu'il n'entend point ; il est si sûr de son fait quand il se trompe grossièrement en physique ; il a bâti un monde si imaginaire ; ses tourbillons et ses trois éléments sont d'un si prodigieux ridicule, que je dois me défier de tout ce qu'il me dit sur l'âme, après qu'il m'a tant trompé sur les corps.[11]

Il croit, ou il feint de croire que nous naissons avec des pensées métaphysiques.[12] J'aimerais autant dire qu'Homère naquit avec l'Iliade dans la tête. Il est bien vrai qu'Homère en naissant avait un cerveau tellement construit, qu'ayant ensuite acquis des idées poétiques, tantôt belles, tantôt incohérentes, tantôt exagérées, il en composa enfin l'Iliade. Nous apportons en naissant le germe de tout ce qui se développe en nous ; mais nous n'avons pas réellement plus d'idées innées, que Raphaël et Michel Ange n'apportèrent en naissant de pinceaux et de couleurs.

Descartes pour tâcher d'accorder les parties éparses de ses chimères, supposa que l'homme pense toujours ; j'aimerais autant imaginer que les oiseaux ne cessent jamais de voler, ni les chiens de courir, parce que ceux-ci ont la faculté de courir, et ceux-là de voler.

Pour peu que l'on consulte son expérience et celle du genre humain, on est bien convaincu du contraire. Il n'y a personne d'assez fou pour croire fermement qu'il ait pensé toute sa vie, le jour et la nuit, sans interruption, depuis qu'il était fœtus jusqu'à sa dernière maladie. La ressource de ceux qui ont voulu défendre ce roman,[13] a été de dire qu'on pensait toujours, mais qu'on ne s'en apercevait pas. Il vaudrait autant dire qu'on boit, qu'on mange, et qu'on court à cheval sans le savoir. Si vous ne vous apercevez pas que vous avez des idées, comment pouvez-vous affirmer que vous en avez ? Gassendi se moqua comme il le devait de ce système extravagant. Savez-vous ce qui en arriva ? On prit Gassendi et Descartes pour des athées.[14]

---

10. Aristote parle de curiosité (*Métaphysique*, liv.III, ch.2) plutôt que d'incrédulité. La formule ressemble assez à un propos attribué à Plutarque, et cité par Diderot.

11. Après Newton, le discrédit de la physique cartésienne est complet et les fameux « tourbillons » sont tournés en dérision. Dans les *Eléments de la philosophie de Newton*, part.3, ch.1, Voltaire appelle la physique cartésienne « ce roman philosophique » et plus loin « un roman ingénieux sans vraisemblance » (*Œuvres complètes de Voltaire*, Paris 1887-1885, éd. L. Moland, ci-après M., xxii.511).

12. La théorie cartésienne des « idées innées ».

13. Ici, et plus haut, le terme a une nette valeur péjorative.

14. Même idée dans l'article « Athée » du *Dictionnaire philosophique*.

VI. *Les bêtes*

De ce que les hommes étaient supposés avoir continuellement des idées, des perceptions, des conceptions, il suivait naturellement que les bêtes en avaient toujours aussi ; car il est incontestable qu'un chien de chasse a l'idée de son maître auquel il obéit, et du gibier qu'il lui rapporte. Il est évident qu'il a de la mémoire et qu'il combine quelques idées. Ainsi donc si la pensée de l'homme était aussi l'essence de son âme, la pensée du chien était aussi l'essence de la sienne ; et si l'homme avait toujours des idées, il fallait bien que les animaux en eussent toujours. Pour trancher cette difficulté, le fabricateur des tourbillons et de la matière cannelée,[15] osa dire que les bêtes étaient de pures machines,[16] qui cherchaient à manger sans avoir appétit, qui avaient toujours les organes du sentiment pour n'éprouver jamais la moindre sensation, qui criaient sans douleur, qui témoignaient leur plaisir sans joie, qui possédaient un cerveau pour n'y pas recevoir l'idée la plus légère, et qui étaient ainsi une contradiction perpétuelle.

Ce système était aussi ridicule que l'autre ; mais au lieu d'en faire voir l'extravagance, on le traita d'impie ; on prétendit que ce système répugnait à l'Ecriture sainte, qui dit dans la Genèse,[17] *que Dieu a fait un pacte avec les animaux, et qu'il leur redemandera le sang des hommes qu'ils auront mordus et mangés* ; ce qui suppose manifestement dans les bêtes l'intelligence, la connaissance du bien et du mal.

VII. *L'expérience*

Ne mêlons jamais l'Ecriture sainte dans nos disputes philosophiques ; ce sont des choses trop hétérogènes, et qui n'ont aucun rapport.[18] Il ne s'agit ici que d'examiner ce que nous pouvons savoir par nous-mêmes, et cela se réduit à bien peu de chose. Il faut avoir renoncé au sens commun pour ne pas convenir que nous ne savons rien au monde que par l'expérience ;[19] et

15. Descartes appelait «parties striées» ou «cannelées» les petites particules de matière ainsi modelées par l'effet des tourbillons et des chocs. Voltaire se moque encore de la théorie des tourbillons dans le septième *Dialogue d'Evhémère* (où Descartes est appelé le Gaulois Cardestes ; M.xxx.501-503).
16. On se souvient de la réponse indignée de La Fontaine à cette théorie. Voir H. Hastings, *Man and beast in French thought of the 18th century* (Baltimore, Md 1936) et L. C. Rosenfield, *From beast-machine to man-machine*, New York 1941). La suite du passage dénature cependant la pensée de Descartes.
17. Genèse ix.5.
18. La tactique de Voltaire, quand il n'attaque pas les Ecritures, consiste à les reléguer dans un sanctuaire intouchable, et à les éliminer ainsi de la discussion.
19. C'est la grande leçon que Voltaire a retenue de la lecture de Locke.

certainement si nous ne parvenons que par l'expérience, et par une suite de tâtonnements et de longues réflexions, à nous donner quelques idées faibles et légères du corps, de l'espace, du temps, de l'infini, de Dieu même, ce n'est pas la peine que l'auteur de la nature mette ces idées dans la cervelle de tous les fœtus, afin qu'il n'y ait ensuite qu'un très petit nombre d'hommes qui en fassent usage.

Nous sommes tous sur les objets de notre science, comme les amants ignorants Daphnis et Cloé, dont Longus nous a dépeint les amours et les vaines tentatives. Il leur fallut beaucoup de temps pour deviner comment ils pouvaient satisfaire leurs désirs, parce que l'expérience leur manquait.[20] La même chose arriva à l'empereur Léopold[21] et au fils de Louis XIV,[22] il fallut les instruire. S'ils avaient eu des idées innées, il est à croire que la nature ne leur eût pas refusé la principale et la seule nécessaire à la conservation de l'espèce humaine.

VIII. *Substance*

Ne pouvant avoir aucune notion que par expérience, il est impossible que nous puissions jamais savoir ce que c'est que la matière. Nous touchons, nous voyons les propriétés de cette substance ; mais ce mot même *substance*, *ce qui est dessous*, nous avertit assez que ce dessous nous sera inconnu à jamais : quelque chose que nous découvrions de ses apparences, il restera toujours ce dessous à découvrir. Par la même raison nous ne saurons jamais par nous-mêmes ce que c'est qu'esprit.[23] C'est un mot qui originairement signifie *souffle*, et dont nous nous sommes servis pour tâcher d'exprimer vaguement et grossièrement ce qui nous donne des pensées.[24] Mais quand

20. Cette ironie un peu grivoise se retrouve, de manière inattendue, à la fin de l'article «Amour-propre» du *Dictionnaire philosophique*.

21. Léopold Ier, mort en 1705, empereur d'Allemagne, roi de Hongrie et archiduc d'Autriche. Saint-Simon, à propos de sa mort, rappelle simplement que «la vie privée de ce prince fut un continuel exercice de religion [...] une vie tout à fait monacale, avec un usage le plus fréquent des sacrements» (*Mémoires*, éd. Y. Coirault, Paris 1983-, ii.600).

22. Louis de France, dit le Grand Dauphin, dont Bossuet fut le précepteur. Saint-Simon, dans ses *Mémoires* (éd. Coirault, iv.78-79 et 81-82), est sévère envers Monseigneur : timidité naturelle, ignorance parfaite, défaut de lumières, terreur du roi, mais il ne parle pas de son manque d'expérience en matière amoureuse.

23. On voit ici la raison profonde du rejet obstiné, par Voltaire, de toute la spéculation métaphysique traditionnelle.

24. Spinoza avait élucidé, dans le *Tractatus theologico-politicus*, l'origine de cette confusion du matériel et du spirituel en se fondant sur le mot hébreu *ruagh*. Il écrit : «Je me demanderai d'abord ce que signifie le mot hébreu *ruagh*, que le vulgaire

même, par un prodige qui n'est pas à supposer, nous aurions quelque légère idée de la substance de cet esprit, nous ne serions pas plus avancés ; et nous ne pourrions jamais deviner comment cette substance reçoit des sentiments et des pensées. Nous savons bien que nous avons un peu d'intelligence, mais comment l'avons-nous ? c'est le secret de la nature, elle ne l'a dit à nul mortel.

IX. *Bornes étroites*

Notre intelligence est très bornée, ainsi que la force de notre corps. Il y a des hommes beaucoup plus robustes que les autres ; il y a aussi des Hercules en fait de pensées ; mais au fond cette supériorité est fort peu de chose. L'un soulèvera dix fois plus de matière que moi, l'autre pourra faire de tête et sans papier une division de quinze chiffres, tandis que je ne pourrai en diviser que trois ou quatre avec une extrême peine ; c'est à quoi se réduira cette force tant vantée ; mais elle trouvera bien vite sa borne ; et c'est pourquoi dans les jeux de combinaison,[25] nul homme après s'y être formé par toute son application et par un long usage, ne parvient jamais, quelque effort qu'il fasse, au delà du degré qu'il a pu atteindre ; il a frappé à la borne de son intelligence. Il faut même absolument que cela soit ainsi ; sans quoi nous irions de degré en degré jusqu'à l'infini.

X. *Découvertes impossibles*

Dans ce cercle étroit où nous sommes renfermés, voyons donc ce que nous sommes condamnés à ignorer, et ce que nous pouvons un peu connaître. Nous avons déjà vu qu'aucun premier ressort, aucun premier principe ne peut être saisi par nous.

Pourquoi mon bras obéit-il à ma volonté ? nous sommes si accoutumés à ce phénomène incompréhensible, que très peu y font attention ; et quand nous voulons rechercher la cause d'un effet si commun, nous trouvons qu'il y a réellement l'infini entre notre volonté et l'obéissance de notre membre ; c'est-à-dire qu'il n'y a nulle proportion de l'un à l'autre, nulle raison, nulle apparence de cause ;[26] et nous sentons que nous y penserions une éternité, sans pouvoir imaginer la moindre lueur de vraisemblance.

---

traduit par Esprit. Le mot *ruagh*, en son vrai sens, signifie vent, comme l'on sait » (*Traité théologico-politique*, ch. 1, *Œuvres*, trad. Charles Appuhn, Paris s.d., p.38-39).
25. Comme les échecs.
26. Malebranche avait imaginé, pour résoudre cette difficulté, la théorie des « causes occasionnelles » et faisait intervenir Dieu dans chacun de nos actes. Voltaire a plusieurs fois discuté la thèse malebranchiste (voir p. ex. *Tout en Dieu* ; M.xxviii.91-102).

XI. *Désespoir fondé*

Ainsi arrêtés dès le premier pas, et nous repliant vainement sur nous-mêmes, nous sommes effrayés de nous chercher toujours, et de ne nous trouver jamais. Nul de nos sens n'est explicable. Nous savons bien à peu près, avec le secours des triangles,[27] qu'il y a environ trente millions de nos grandes lieues géométriques de la terre au soleil ; mais qu'est-ce que le soleil ? et pourquoi tourne-t-il sur son axe ? et pourquoi en un sens plutôt qu'en un autre ? et pourquoi Saturne et nous tournons-nous autour de cet astre plutôt d'occident en orient que d'orient en occident ? Non seulement nous ne satisferons jamais à cette question ; mais nous n'entreverrons jamais la moindre possibilité d'en imaginer seulement une cause physique. Pourquoi ? c'est que le nœud de cette difficulté est dans le premier principe des choses.[28]

Il en est de ce qui agit au-dedans de nous, comme de ce qui agit dans les espaces immenses de la nature. Il y a dans l'arrangement des astres, et dans la conformation d'un ciron[29] et de l'homme, un premier principe dont l'accès doit nécessairement nous être interdit. Car si nous pouvions connaître notre premier ressort, nous en serions les maîtres, nous serions des dieux. Eclaircissons cette idée, et voyons si elle est vraie.

Supposons que nous trouvions en effet la cause de nos sensations, de nos pensées, de nos mouvements, comme nous avons seulement découvert dans les astres la raison des éclipses et des différentes phases de la lune et de Vénus, il est clair que nous prédirions alors nos sensations, nos pensées et nos désirs, résultant de ces sensations, comme nous prédisons les phases et les éclipses.[30] Connaissant donc ce qui devrait se passer demain dans notre intérieur, nous verrions clairement par le jeu de cette machine, de quelle

27. Par la méthode de triangulation. Voltaire se réfère ici aux découvertes assez récentes de Halley (cf. *Bibliothèque de Voltaire*, no.2032). Voir aussi à ce propos la lettre de Voltaire à Maupertuis sur les *Eléments de la philosophie de Newton* (D1622).
28. Celui-ci dépasse, selon Voltaire, notre compétence, ce qui exclut aussi bien la théologie classique que la métaphysique traditionnelle, au profit d'un Dieu – cause première.
29. L'exemple rappelle un passage célèbre de Pascal sur les deux infinis. Voir *Pensées* (*Œuvres*, Pléiade 1969, p.1105-1107), «que l'homme contemple donc la nature entière [...] Qu'il y voie une infinité d'univers, dont chacun a son firmament, ses planètes, sa terre, en la même proportion que le monde visible : dans cette terre, des animaux, et enfin des cirons, dans lesquels il retrouvera ce que les premiers ont donné [...] qui suivra ces étonnantes démarches ? L'auteur de ces merveilles les comprend. Tout autre ne le peut faire».
30. On sent ici les réserves expresses de Voltaire à l'égard d'une application à l'homme d'un déterminisme rigoureux.

manière ou agréable ou funeste nous devrions être affectés. Nous avons une volonté qui dirige, ainsi qu'on en convient, nos mouvements intérieurs en plusieurs circonstances. Par exemple, je me sens disposé à la colère, ma réflexion et ma volonté en répriment les accès naissants. Je verrais, si je connaissais mes premiers principes, toutes les affections auxquelles je suis disposé pour demain, toute la suite des idées qui m'attendent ; je pourrais avoir sur cette suite d'idées et de sentiments la même puissance que j'exerce quelquefois sur les sentiments et sur les pensées actuelles, que je détourne et que je réprime. Je me trouverais précisément dans le cas de tout homme qui peut retarder et accélérer à son gré le mouvement d'un horloge, celui d'un vaisseau, celui de toute machine connue.

Etant le maître des idées qui me sont destinées demain, je le serais pour le jour suivant, je le serais pour le reste de ma vie ; je pourrais donc être toujours tout-puissant sur moi-même, je serais le Dieu de moi-même. Je sens assez que cet état est incompatible avec ma nature ; il est donc impossible que je puisse rien connaître du premier principe qui me fait penser et agir.

xii. *Doute*

Ce qui est impossible à ma nature si faible, si bornée, et qui est d'une durée si courte, est-il impossible dans d'autres globes, dans d'autres espèces d'êtres ? Y a-t-il des intelligences supérieures, maîtresses de toutes leurs idées, qui pensent et qui sentent tout ce qu'elles veulent ? Je n'en sais rien ; je ne connais que ma faiblesse,[31] je n'ai aucune notion de la force des autres.

xiii. *Suis-je libre ?*

Ne sortons point encore du cercle de notre existence ; continuons à nous examiner nous-mêmes autant que nous le pouvons. Je me souviens qu'un jour, avant que j'eusse fait toutes les questions précédentes, un raisonneur voulut me faire raisonner. Il me demanda si j'étais libre ; je lui répondis que je n'étais point en prison, que j'avais la clef de ma chambre, que j'étais parfaitement libre. Ce n'est pas cela que je vous demande, me répondit-il,

31. Nouvelle affirmation du scepticisme empirique de Voltaire et de sa méfiance à l'égard de la philosophie spéculative (entre autres l'angélisme).
32. Sur ce point capital, Voltaire a beaucoup évolué depuis le *Traité de métaphysique* (ch.7). L'ancien élève des jésuites croit de moins en moins au libre arbitre, et conteste avec vigueur la prétendue liberté d'indifférence. Voir le dialogue «De la liberté» dans le *Dictionnaire philosophique*.

croyez-vous que votre volonté ait la liberté de vouloir ou de ne vouloir pas vous jeter par la fenêtre ? pensez-vous avec l'ange de l'école[33] que le libre arbitre soit une puissance appétitive,[34] et que le libre arbitre se perd par le péché ?[35] Je regardai mon homme fixement, pour tâcher de lire dans ses yeux s'il n'avait pas l'esprit égaré ; et je lui répondis que je n'entendais rien à son galimatias.[36]

Cependant, cette question sur la liberté de l'homme m'intéressa vivement ; je lus des scolastiques, je fus comme eux dans les ténèbres ; je lus Locke,[37] et j'aperçus des traits de lumière ; je lus le traité de Colins,[38] qui me parut Locke perfectionné ; et je n'ai jamais rien lu depuis qui m'ait donné un nouveau degré de connaissance. Voici ce que ma faible raison a conçu, aidée de ces deux grands hommes, les seuls, à mon avis, qui se soient entendus eux-mêmes en écrivant sur cette matière, et les seuls qui se soient fait entendre aux autres.[39]

Il n'y a rien sans cause. Un effet sans cause n'est qu'une parole absurde. Toutes les fois que je veux, ce ne peut être qu'en vertu de mon jugement bon ou mauvais ; ce jugement est nécessaire, donc ma volonté l'est aussi. En effet, il serait bien singulier que toute la nature, tous les astres obéissent à des lois éternelles, et qu'il y eût un petit animal haut de cinq pieds, qui au mépris de ces lois pût agir comme il lui plairait au seul gré de son caprice. Il agirait au hasard ; et on sait que le hasard n'est rien. Nous avons inventé ce mot pour exprimer l'effet connu de toute cause inconnue.[40]

Mes idées entrent nécessairement dans mon cerveau, comment ma volonté qui en dépend serait-elle libre ?[41] Je sens en mille occasions que

---

33. Saint Thomas d'Aquin (1225-1274), auteur de la *Summa theologica* (*Bibliothèque de Voltaire*, no.3292), inspirateur de la philosophie scolastique.

34. Sur la « potentia appetitiva », voir *Summa theologica*, part. 1, quest. 80. Sur son lien avec le libre-arbitre, quest. 83 (avec argument 3) et 84.

35. Voir *Summa theologica*, part. 1, quest. 83, art. 2, arg. 3 : « nulla potentia naturalis tollitur per peccatum, sed liberum arbitrium tollitur per peccatum » (« il n'y a pas de pouvoir naturel qui soit ôté par le péché, mais le libre-arbitre est enlevé par le péché »).

36. C'est-à-dire, le vocabulaire de la scolastique.

37. Le maître à penser de Voltaire. Son *Essay concerning human understanding* fut traduit en français par Pierre Coste en 1700 (cf. *Bibliothèque de Voltaire*, no.2149, 2150).

38. Anthony Collins soutenait un certain déterminisme dans le *Philosophical inquiry concerning human liberty* (1717 ; trad. fr. 1720 ; cf. *Bibliothèque de Voltaire*, no.2889).

39. L'étendue de cette dette a été établie par Norman L. Torrey dans *Voltaire and the English deists* (New Haven 1930).

40. Tout ceci vient de Collins, et se retrouve aussi sous la plume de Diderot.

41. La variante donne plus de force à l'argumentation.

cette volonté n'est pas libre ;[42] ainsi quand la maladie m'accable, quand la passion me transporte, quand mon jugement ne peut atteindre aux objets qu'on me présente, etc. je dois donc penser que les lois de la nature étant toujours les mêmes, ma volonté n'est pas plus libre dans les choses qui me paraissent les plus indifférentes que dans celles où je me sens soumis à une force invincible.

Etre véritablement libre, c'est pouvoir. Quand je peux faire ce que je veux, voilà ma liberté ; mais je veux nécessairement ce que je veux ; autrement je voudrais sans raison, sans cause, ce qui est impossible. Ma liberté consiste à marcher quand je veux marcher et que je n'ai point la goutte.

Ma liberté consiste à ne point faire une mauvaise action quand mon esprit se la représente nécessairement mauvaise ; à subjuguer une passion quand mon esprit m'en fait sentir le danger, et que l'horreur de cette action combat puissamment mon désir. Nous pouvons réprimer nos passions (comme je l'ai déjà annoncé nombre IV) mais alors nous ne sommes pas plus libres en réprimant nos désirs qu'en nous laissant entraîner à nos penchants ; car dans l'un et dans l'autre cas, nous suivons irrésistiblement notre dernière idée ; et cette dernière idée est nécessaire ; donc je fais nécessairement ce qu'elle me dicte. Il est étrange que les hommes ne soient pas contents de cette mesure de liberté, c'est-à-dire du pouvoir qu'ils ont reçu de la nature de faire ce qu'ils veulent ;[43] les astres ne l'ont pas ; nous la possédons, et notre orgueil nous fait croire quelquefois que nous en possédons encore plus. Nous nous figurons que nous avons le don incompréhensible et absurde de vouloir sans autre raison, sans autre motif que celui de vouloir. Voyez le nombre XXIX.

Non, je ne puis pardonner au docteur Clarke d'avoir combattu avec mauvaise foi ces vérités dont il sentait la force, et qui semblaient s'accommoder mal avec ses systèmes.[44] Non, il n'est pas permis à un

42. La variante écarte le faux problème de la liberté pour s'en tenir strictement aux faits, en bonne méthode empiriste.

43. La variante atténue ce que la formule avait de général. Comme Voltaire le disait plus haut, il ne suffit pas de vouloir marcher, encore faut-il n'avoir pas la goutte. La liberté, pour lui, n'est pas dans la volonté, mais dans la possibilité du passage de l'idée à l'acte.

44. Eminent théologien, cité avec respect par Diderot dans la *Lettre sur les aveugles*, Samuel Clarke avait élargi la notion de Dieu dans ses Boyle Lectures de 1704-1705 (1705-1706, sous le titre *A demonstration of the being and attributes of God, more particularly in answer to Mr Hobbs, Spinoza and their followers* ; trad. fr. 1727-1728). Voltaire s'en prend ici à un autre ouvrage, *Remarks upon a book entitled « A philosophical enquiry ... »* (cf. *Bibliothèque de Voltaire*, no.2889), publié en 1717 en annexe à la correspondance de Clarke avec Leibniz, et qui critiquait vivement le déterminisme de Collins.

philosophe tel que lui d'avoir attaqué Colins en sophiste, et d'avoir détourné l'état de la question en reprochant à Colins d'appeler l'homme *un agent nécessaire*. Agent, ou patient, qu'importe ! agent quand il se meut volontairement, patient quand il reçoit des idées. Qu'est-ce que le nom fait à la chose ? L'homme est en tout un être dépendant, comme la nature entière est dépendante, et il ne peut être excepté des autres êtres.

Le prédicateur, dans Samuel Clarke, a étouffé le philosophe ; il distingue la nécessité physique et la nécessité morale. Et qu'est-ce qu'une nécessité morale ? Il vous paraît vraisemblable qu'une reine d'Angleterre qu'on couronne et que l'on sacre dans une église, ne se dépouillera pas de ses habits royaux pour s'étendre toute nue sur l'autel, quoiqu'on raconte une pareille aventure d'une reine de Congo. Vous appelez cela une nécessité morale dans une reine de nos climats ; mais c'est au fond une nécessité physique, éternelle, liée à la constitution des choses.[45] Il est aussi sûr que cette reine ne fera pas cette folie, qu'il est sûr qu'elle mourra un jour. La nécessité morale n'est qu'un mot ; tout ce qui se fait est absolument nécessaire. Il n'y a point de milieu entre la nécessité et le hasard : et vous savez qu'il n'y a point de hasard : donc tout ce qui arrive est nécessaire.

Pour embarrasser la chose davantage, on a imaginé de distinguer encore entre nécessité et contrainte ; mais au fond la contrainte n'est autre chose qu'une nécessité dont on s'aperçoit ; et la nécessité est une contrainte dont on ne s'aperçoit pas. Archimède est également nécessité à rester dans sa chambre quand on l'y enferme, et quand il est si fortement occupé d'un problème qu'il ne reçoit pas l'idée de sortir.

Ducunt volentem fata, nolentem trahunt.[46]

L'ignorant qui pense ainsi, n'a pas toujours pensé de même, mais il est enfin contraint de se rendre.[47]

XIV. *Tout est-il éternel ?*

Asservi à des lois éternelles comme tous les globes qui remplissent l'espace, comme les éléments, les animaux, les plantes ; je jette des regards étonnés sur tout ce qui m'environne, je cherche quel est mon

---

45. Voltaire ne fait aucune distinction entre pression sociologique et nécessité physique. Mme Duchet a bien montré les limites de sa curiosité anthropologique dans *Anthropologie et histoire au Siècle des Lumières* (Paris 1971), ii.2.

46. Sénèque, *Ad Lucilium epistulae morales*, cvii.

47. Voltaire a tenu à souligner explicitement l'évolution de sa pensée sur ce point depuis le *Traité de métaphysique*.

auteur, et celui de cette machine immense dont je suis à peine une roue imperceptible.[48] Je ne suis pas venu de rien : car la substance de mon père et de ma mère qui m'a porté neuf mois dans sa matrice est quelque chose. Il m'est évident que le germe qui m'a produit n'a pu être produit de rien ; car comment le néant produirait-il l'existence ? je me sens subjugué par cette maxime de toute l'antiquité, *rien ne vient du néant, rien ne peut retourner au néant.*[49] Cet axiome porte en lui une force si terrible, qu'il enchaîne tout mon entendement, sans que je puisse me débattre contre lui. Aucun philosophe ne s'en est écarté, aucun législateur, quel qu'il soit, ne l'a contesté. Le *Cahut* des Phéniciens, le *Chaos* des Grecs, le *Tohu bohu* des Chaldéens et des Hébreux,[50] tout nous atteste qu'on a toujours cru l'éternité de la matière. Ma raison, trompée peut-être par cette idée si ancienne et si générale, me dit : Il faut bien que la matière soit éternelle, puisqu'elle existe ; si elle était hier, elle était auparavant. Je n'aperçois aucune vraisemblance qu'elle ait commencé à être, aucune cause pour laquelle elle n'ait pas été, aucune cause pour laquelle elle ait reçu l'existence dans un temps plutôt que dans un autre.[51] Je cède donc à cette conviction, soit fondée, soit erronée ; et je me range du parti du monde entier, jusqu'à ce qu'ayant avancé dans mes recherches je trouve une lumière supérieure au jugement de tous les hommes, qui me force à me rétracter malgré moi.

Mais si, comme tant de philosophes de l'antiquité l'ont pensé, l'Etre éternel a toujours agi, que deviendront le *Cahut* et l'*Ereb* des Phéniciens, le *Tohu bohu* des Chaldéens, le *Chaos* d'Hésiode ? il restera dans les fables. Le *Chaos* est impossible aux yeux de la raison ; car il est impossible que l'intelligence étant éternelle, il y ait jamais eu quelque chose d'opposé aux lois de l'intelligence ; or le *Chaos* est précisément l'opposé de toutes les lois de la nature. Entrez dans la caverne la plus horrible des Alpes,[52] sous ces débris de rochers, de glace, de sable, d'eaux, de cristaux, de minéraux

48. La vision (d'origine cartésienne) de l'univers comme d'une immense machine est une des constantes de la philosophie des Lumières. Elle se prête (chez Diderot également) à tout un jeu métaphorique.

49. Traduction de Perse, *Satirae*, iii.84 : «De nihilo nihil, in nihilum nil posse reverti».

50. Voltaire, on le sait (voir *Dieu et les hommes*), regarde la pensée juive comme un plagiat des religions orientales. L'expression *tohu-bohu* (hébreu *tohou oubohou*), Genèse i.2, désigne la terre, déjà séparée du ciel, mais encore informe et vide, à l'état chaotique.

51. Voltaire rejette ainsi implicitement l'hypothèse créationniste et la cosmogonie biblique.

52. La montagne, à cette époque, est encore tenue pour «horrible».

informes,[53] tout y obéit à la gravitation. Le *Chaos* n'a jamais été que dans nos têtes, et n'a servi qu'à faire composer de beaux vers à Hésiode et à Ovide.

Si notre sainte Ecriture a dit que le *Chaos* existait, si le *Tohu bohu* a été adopté par elle, nous le croyons sans doute, et avec la foi la plus vive. Nous ne parlons ici que suivant les lueurs trompeuses de notre raison.[54] Nous nous sommes bornés, comme nous l'avons dit, à voir ce que nous pouvons soupçonner par nous-mêmes. Nous sommes des enfants qui essayons de faire quelques pas sans lisières.

xv. *Intelligence*

Mais en apercevant l'ordre, l'artifice prodigieux, les lois mécaniques et géométriques qui règnent dans l'univers, les moyens, les fins innombrables de toutes choses, je suis saisi d'admiration et de respect.[55] Je juge incontinent que si les ouvrages des hommes, les miens même, me forcent à reconnaître en nous une intelligence, je dois en reconnaître une bien supérieurement agissante dans la multitude de tant d'ouvrages. J'admets cette intelligence suprême, sans craindre que jamais on puisse me faire changer d'opinion. Rien n'ébranle en moi cet axiome, tout ouvrage démontre un ouvrier.[56]

xvi. *Eternité*

Cette intelligence est-elle éternelle ? Sans doute ; car soit que j'aie admis ou rejeté l'éternité de la matière, je ne peux rejeter l'existence éternelle de son artisan suprême ; et il est évident que s'il existe aujourd'hui, il a existé toujours.

53. J. L. Carr propose de voir ici une réminiscence de la *Telluris theoria sacra* (1681-1689) de Thomas Burnet. Mais le contexte est assez différent : Burnet déclare que nous habitons les ruines d'un globe dont l'ordonnance a été détruite ; pour Voltaire, même le désordre le plus apparent obéit à un ordre universel.

54. La feinte déférence envers l'Eglise n'est qu'une ironie supplémentaire.

55. L'émerveillement devant la rationalité de l'univers, codifié en lois mathématiques depuis Newton, est un des traits du dix-huitième siècle. Il explique aussi le véritable culte rendu à l'auteur de la théorie de la gravitation.

56. Grimm et le groupe du baron d'Holbach combattront âprement cette proposition, dont R. Pomeau a montré combien elle se rattache logiquement à une conception mécanicienne de l'univers (*La Religion de Voltaire*, Paris 1969, p.409).

XVII. *Incompréhensibilité*

Je n'ai fait encore que deux ou trois pas dans cette vaste carrière ;[57] je veux savoir si cette intelligence divine est quelque chose d'absolument distinct de l'univers, à peu près comme le sculpteur est distingué de la statue ;[58] ou si cette âme du monde[59] est unie au monde, et le pénètre à peu près encore comme ce que j'appelle mon âme est unie à moi, et selon cette idée de l'antiquité si bien exprimée dans Virgile et dans Lucain :

Mens agitat molem et magno se corpore miscet.[60]

Juppiter est quodcumque vides quocumque moveris.[61]

Je me vois arrêté tout à coup dans ma vaine curiosité. Misérable mortel, si je ne puis sonder ma propre intelligence, si je ne puis savoir ce qui m'anime, comment connaîtrai-je l'intelligence ineffable qui préside visiblement à la matière entière ? Il y en a une, tout me le démontre ; mais où est la boussole qui me conduira vers sa demeure éternelle et ignorée ?

XVIII. *Infini*

Cette intelligence est-elle infinie en puissance et en immensité, comme elle est incontestablement infinie en durée ? je n'en puis rien savoir par moi-même. Elle existe, donc elle a toujours existé, cela est clair.[62] Mais quelle idée puis-je avoir d'une puissance infinie ? Comment puis-je concevoir un infini actuellement existant ? Comment puis-je imaginer que l'intelligence suprême est dans le vide ? Il n'en est pas de l'infini en étendue comme de l'infini en durée. Une durée infinie s'est écoulée au moment que je parle, cela est sûr ; je ne peux rien ajouter à cette durée passée, mais je peux toujours ajouter à l'espace que je conçois, comme je peux ajouter aux nombres que je conçois.[63] L'infini en nombres et en étendue est hors de la sphère de mon entendement. Quelque chose qu'on me dise, rien ne m'éclaire dans cet abîme. Je sens heureusement que mes difficultés et mon ignorance ne peuvent préjudicier à la

57. Au sens de : ce long cheminement, cette longue enquête.
58. Allusion au thème de Pygmalion, fréquemment traité au dix-huitième siècle (Boureau-Deslandes, Condillac, Buffon, Rousseau).
59. Vieille conception stoïcienne, qui reparaît à la Renaissance, puis au dix-huitième siècle.
60. Virgile, *Aeneis*, vi.727.
61. Lucain, *Pharsalia*, ix.580.
62. Puisqu'elle n'a pu être créée.
63. Même raisonnement dans le *Traité de métaphysique*, ch.3, al.3.

morale;[64] on aura beau ne pas concevoir ni l'immensité de l'espace remplie, ni la puissance infinie qui a tout fait, et qui cependant peut encore faire; cela ne servira qu'à prouver de plus en plus la faiblesse de notre entendement; et cette faiblesse ne nous rendra que plus soumis à l'Etre éternel dont nous sommes l'ouvrage.

xix. *Ma dépendance*

Nous sommes son ouvrage. Voilà une vérité intéressante pour nous; car de savoir par la philosophie en quel temps il fit l'homme, ce qu'il faisait auparavant, s'il est dans la matière, s'il est dans le vide, s'il est dans un point, s'il agit toujours ou non, s'il agit partout, s'il agit hors de lui ou dans lui; ce sont des recherches qui redoublent en moi le sentiment de mon ignorance profonde.[65]

Je vois même qu'à peine il y a eu une douzaine d'hommes en Europe qui aient écrit sur ces choses abstraites avec un peu de méthode; et quand je supposerais qu'ils ont parlé d'une manière intelligible, qu'en résulterait-il? Nous avons déjà reconnu (nomb. 4) que les choses que si peu de personnes peuvent se flatter d'entendre, sont inutiles au reste du genre humain.[66] Nous sommes certainement l'ouvrage de Dieu, c'est là ce qui m'est utile de savoir;[67] aussi la preuve en est-elle palpable. Tout est moyen et fins dans mon corps, tout y est ressort, poulie, force mouvante, machine hydraulique, équilibre de liqueurs, laboratoire de chimie.[68] Il est donc arrangé par une intelligence (nomb. 15). Ce n'est pas l'intelligence de mes parents à qui je dois cet arrangement, car assurément ils ne savaient ce qu'ils faisaient quand ils m'ont mis au monde; ils n'étaient que les aveugles instruments[69] de cet éternel fabricateur, qui anime le ver de terre, et qui fait tourner le soleil sur son axe.

---

64. Sur ce point (l'autonomie de la morale par rapport à nos croyances), Diderot et les matérialistes partagent les vues de Voltaire. Mais tout le siècle, de Shaftesbury à Kant, est de cet avis (à l'exception de Sade).

65. En somme, c'est toute la théologie que Voltaire balaie en quelques lignes.

66. L'édition de Kehl conteste cette affirmation dans une longue note. Mais Voltaire ne vise ici que le jargon des métaphysiciens (voir le premier alinéa), et nullement le savoir scientifique spécialisé. Reste que le critère d'*utilité* peut paraître inquiétant en pareille matière.

67. L'anthropocentrisme d'une telle déclaration ne semble pas gêner Voltaire.

68. Les matérialistes n'iront pas plus loin, mais sans en tirer la même conséquence.

69. L'instinct génétique fait partie d'un plan général ordonné par Dieu. Sur son universalité, cf. l'article «Amour» du *Dictionnaire philosophique*.

XX. *Eternité encore*

Né d'un germe venu d'un autre germe, y a-t-il eu une succession continuelle, un développement sans fin de ces germes, et toute la nature a-t-elle toujours existé par une suite nécessaire de cet Etre suprême qui existait de lui-même ? Si je n'en croyais que mon faible entendement, je dirais, Il me paraît que la nature a toujours été animée. Je ne puis concevoir que la cause qui agit continuellement et visiblement sur elle, pouvant agir dans tous les temps, n'ait pas agi toujours. Une éternité d'oisiveté dans l'Etre agissant et nécessaire, me semble incompatible. Je suis porté à croire que le monde a toujours émané de cette cause primitive et nécessaire, comme la lumière émane du soleil.[70] Par quel enchaînement d'idées me vois-je toujours entraîné à croire éternelles les œuvres de l'Etre éternel ? Ma conception, toute pusillanime qu'elle est,[71] a la force d'atteindre à l'Etre nécessaire existant par lui-même, et n'a pas la force de concevoir le néant. L'existence d'un seul atome, me prouve l'éternité de l'existence ; mais rien ne me prouve le néant. Quoi ! il y aurait eu le *rien* dans l'espace où est aujourd'hui quelque chose ? Cela paraît absurde et contradictoire. Je ne puis admettre ce *rien*, à moins que la révélation ne vienne fixer mes idées qui s'emportent au delà des temps.

Je sais bien qu'une succession infinie d'êtres qui n'auraient point d'origine, est aussi absurde ; Samuel Clarke le démontre assez ; mais il n'entreprend pas seulement d'affirmer que Dieu n'ait pas tenu cette chaîne de toute éternité ; il n'ose pas dire qu'il ait été si longtemps impossible à l'Etre éternellement actif de déployer son action.[72] Il est évident qu'il l'a pu ; et s'il l'a pu, qui sera assez hardi pour me dire qu'il ne l'a pas fait ? La révélation seule, encore une fois, peut m'apprendre le contraire. Mais nous n'en sommes pas encore à cette révélation qui écrase toute philosophie, à cette lumière devant qui toute lumière s'évanouit.

XXI. *Ma dépendance encore*

Cet Etre éternel, cette cause universelle, me donne mes idées ; car ce ne sont pas les objets qui me les donnent. Une matière brute ne peut envoyer des pensées dans ma tête ; mes pensées ne viennent pas de moi, car elles arrivent

70. Dans cette perspective, Dieu et la nature sont co-éternels, la seconde émanant du premier, sans création *ex nihilo*. Sur le culte solaire chez Voltaire, voir R. Pomeau, *La Religion de Voltaire* (Paris 1969), p.418.

71. Puisqu'elle résulte de notre faiblesse (voir ch.18).

72. L'argument de Voltaire est que, si l'on accorde l'éternité à Dieu, il faut aussi l'accorder à la nature, quelle que soit la difficulté de se représenter cette idée.

malgré moi, et souvent s'enfuient de même. On sait assez qu'il n'y a nulle ressemblance, nul rapport entre les objets et nos idées et nos sensations. Certes il y avait quelque chose de sublime dans ce Mallebranche, qui osait prétendre que nous voyons tout dans Dieu même. [73] Mais n'y avait-il rien de sublime dans les stoïciens, qui pensaient que c'est Dieu qui agit en nous, et que nous possédons un rayon de sa substance ? Entre le rêve de Mallebranche et le rêve des stoïciens, où est la réalité ? Je retombe (nomb. 2) dans l'ignorance, qui est l'apanage de ma nature, et j'adore le Dieu par qui je pense, sans savoir comment je pense.

XXII. *Nouveau doute*

Convaincu par mon peu de raison qu'il y a un Etre nécessaire, éternel, intelligent, de qui je reçois mes idées, sans pouvoir deviner ni le comment, ni le pourquoi, je demande ce que c'est que cet Etre ? s'il a la forme des espèces intelligentes et agissantes supérieures à la mienne dans d'autres globes ? J'ai déjà dit que je n'en savais rien (nomb. 1). Néanmoins je ne puis affirmer que cela soit impossible ; car j'aperçois des planètes très supérieures à la mienne en étendue, entourées de plus de satellites que la terre. Il n'est point du tout contre la vraisemblance qu'elles soient peuplées d'intelligences très supérieures à moi, et de corps plus robustes, plus agiles et plus durables. Mais leur existence n'ayant nul rapport à la mienne, je laisse aux poètes de l'antiquité le soin de faire descendre Vénus de son prétendu troisième ciel, et Mars du cinquième ; [74] je ne dois rechercher que l'action de l'Etre nécessaire sur moi-même.

XXIII. *Un seul artisan suprême*

Une grande partie des hommes voyant le mal physique et le mal moral répandus sur ce globe, imagina deux êtres puissants, dont l'un produisait tout le bien, et l'autre tout le mal. [75] S'ils existaient, ils étaient nécessaires ; ils existaient donc nécessairement dans le même lieu ; car il n'y a point de

73. Malebranche est généralement considéré, au dix-huitième siècle, comme le plus autorisé et le plus moderne des tenants de l'orthodoxie. A ce titre, il est à la fois respecté et combattu (entre autres dans le *Militaire philosophe*).

74. Cette condamnation implicite de l'imagination rejoint le propos sur « la folle du logis », attribué à Malebranche.

75. La théorie dualiste qui oppose à un principe créateur et bon, un principe destructeur et mauvais (du zoroastrisme au manichéisme). Voltaire la combat en montrant qu'elle contredit la nature même de Dieu, car ce déiste est aussi un farouche monothéiste.

raison pourquoi ce qui existe par sa propre nature serait exclu d'un lieu ; ils se pénétreraient donc l'un l'autre, cela est absurde. L'idée de ces deux puissances ennemies ne peut tirer son origine que des exemples qui nous frappent sur la terre ; nous y voyons des hommes doux et des hommes féroces, des animaux utiles et des animaux nuisibles, de bons maîtres et des tyrans. On imagina ainsi deux pouvoirs contraires qui présidaient à la nature ;[76] ce n'est qu'un roman asiatique. Il y a dans toute la nature une unité de dessein manifeste ; les lois du mouvement et de la pesanteur sont invariables ; il est impossible que deux artisans suprêmes, entièrement contraires l'un à l'autre, aient suivi les mêmes lois. Cela seul, à mon avis, renverse le système manichéen, et on n'a pas besoin de gros volumes pour le combattre.[77]

Il est donc une puissance unique, éternelle, à qui tout est lié, de qui tout dépend, mais dont la nature m'est incompréhensible. St Thomas nous dit, *que Dieu est un pur acte, une forme, qui n'a ni genre, ni prédicat, qu'il est la nature et le suppôt, qu'il existe essentiellement, participativement, et noncupativement.*[78] Lorsque les dominicains furent les maîtres de l'Inquisition, ils auraient fait brûler un homme qui aurait nié ces belles choses ; je ne les aurais pas niées, mais je ne les aurais pas entendues.

On me dit que Dieu est simple ;[79] j'avoue humblement que je n'entends pas la valeur de ce mot davantage. Il est vrai que je ne lui attribuerai pas des parties grossières que je puisse séparer ; mais je ne puis concevoir que le principe et le maître de tout ce qui est dans l'étendue, ne soit pas dans l'étendue. La simplicité, rigoureusement parlant, me paraît trop semblable au non-être. L'extrême faiblesse de mon intelligence n'a point d'instrument assez fin pour saisir cette simplicité. Le point mathématique est simple, me dira-t-on ; mais le point mathématique n'existe pas réellement.

On dit encore qu'une idée est simple, mais je n'entends pas cela davantage. Je vois un cheval, j'en ai l'idée, mais je n'ai vu en lui qu'un assemblage de choses. Je vois une couleur, j'ai l'idée de couleur ; mais cette couleur est étendue. Je prononce les noms abstraits de couleur en général, de vice, de vertu, de vérité en général ; mais c'est que j'ai eu connaissance de choses colorées, de choses qui m'ont paru vertueuses ou vicieuses, vraies ou fausses. J'exprime tout cela par un mot ; mais je n'ai point de connaissance

76. Souvenir de la théorie évhémériste.

77. L'univers-machine du dix-huitième siècle exclut évidemment toute interprétation poétique ou naturaliste.

78. Voltaire résume ici le contenu des articles 1 à 6 de la *Summa theologica*, part. I, quest. 3 (Dieu est-il un corps ? Dieu est-il composé de matière et de forme ? Dieu est-il dans un genre ?).

79. Voir *Summa theologica*, part. I, quest. 3, art. 7 : Dieu est-il absolument simple ? (Utrum Deus sit omnino simplex).

claire de la simplicité ; je ne sais pas plus ce que c'est, que je ne sais ce que c'est qu'un infini en nombres actuellement existant.

Déjà convaincu que ne connaissant pas ce que je suis, je ne puis connaître ce qu'est mon auteur. Mon ignorance m'accable à chaque instant, et je me console en réfléchissant sans cesse qu'il n'importe pas que je sache si mon maître est ou non dans l'étendue, pourvu que je ne fasse rien contre la conscience qu'il m'a donnée.[80] De tous les systèmes que les hommes ont inventés sur la Divinité, quel sera donc celui que j'embrasserai? Aucun, sinon celui de l'adorer.[81]

xxiv. *Spinosa*

Après m'être plongé avec Thalès dans l'eau, dont il faisait son premier principe, après m'être roussi auprès du feu d'Empédocle, après avoir couru dans le vide en ligne droite avec les atomes d'Epicure, supputé des nombres avec Pythagore, et avoir entendu sa musique ; après avoir rendu mes devoirs aux Androgynes de Platon, et ayant passé par toutes les régions de la métaphysique et de la folie ; j'ai voulu enfin connaître le système de Spinosa.[82]

Il n'est pas nouveau ; il est imité de quelques anciens philosophes grecs, et même de quelques Juifs ; mais Spinosa a fait ce qu'aucun philosophe grec, encore moins aucun Juif, n'a fait. Il a employé une méthode géométrique[83] imposante, pour se rendre un compte net de ses idées : voyons s'il ne s'est pas égaré méthodiquement, avec le fil qui le conduit ?

Il établit d'abord une vérité incontestable et lumineuse. Il y a quelque chose, donc il existe éternellement un Etre nécessaire. Ce principe est si

80. Nouvelle affirmation, sous le couvert du scepticisme, du primat absolu de l'éthique, c'est-à-dire de l'action en ce monde.

81. Mais Voltaire n'explique pas comment on peut adorer ce qu'on ne comprend pas. Sous la plume d'un rationaliste, cette profession de foi peut surprendre, mais il l'exprime à plusieurs endroits.

82. Voltaire expédie en quelques lignes l'histoire de la philosophie grecque depuis les présocratiques. Ceux-ci sont traités avec quelques égards (p. ex. la musique des sphères, de Pythagore), mais Platon est tourné en dérision, et son système réduit arbitrairement à la théorie des androgynes. C'est que Voltaire voit en lui l'initiateur, et donc le responsable, de la métaphysique ultérieure. Celle-ci est tout simplement passée sous silence dans ce survol.

83. Dans l'*Ethica modo geometrico demonstrata* (1677). Sur l'importance de Spinoza et la diversité de ses interprétations, voir P. Vernière, *Spinoza et la pensée française avant la Révolution* (Paris 1954).

vrai, que le profond Samuel Clarke s'en est servi pour prouver l'existence de Dieu.[84] Cet Etre doit se trouver partout où est l'existence ; car qui le bornerait ?

Cet Etre nécessaire est donc tout ce qui existe ; il n'y a donc réellement qu'une seule substance dans l'univers.

Cette substance n'en peut créer une autre ; car puisqu'elle remplit tout, où mettre une substance nouvelle, et comment créer quelque chose du néant ? Comment créer l'étendue sans la placer dans l'étendue même, laquelle existe nécessairement ?

Il y a dans le monde la pensée et la matière ; la substance nécessaire que nous appelons Dieu, est donc la pensée et la matière. Toute pensée et toute matière est donc comprise dans l'immensité de Dieu : il ne peut y avoir rien hors de lui ; il ne peut agir que dans lui ; il comprend tout, il est tout.

Ainsi tout ce que nous appelons substances différentes n'est en effet que l'universalité des différents attributs de l'Etre suprême, qui pense dans le cerveau des hommes, éclaire dans la lumière, se meut sur les vents, éclate dans le tonnerre, parcourt l'espace dans tous les astres, et vit dans toute la nature.

Il n'est point comme un vil roi de la terre confiné dans son palais, séparé de ses sujets ; il est intimement uni à eux ; ils sont des parties nécessaires de lui-même ; s'il en était distingué, il ne serait plus l'Etre nécessaire, il ne serait plus universel, il ne remplirait point tous les lieux, il serait un être à part comme un autre.

Quoique toutes les modalités changeantes dans l'univers soient l'effet de ses attributs, cependant, selon Spinosa, il n'a point de parties ; car, dit-il, l'infini n'en a point de proprement dites ; s'il en avait, on pourrait en ajouter d'autres, et alors il ne serait plus infini. Enfin Spinosa prononce qu'il faut aimer ce Dieu nécessaire, infini, éternel ; et voici ses propres paroles, *page 45 de l'édition de 1731*.[85]

---

84. Voltaire possédait les *Traités de l'existence et des attributs de Dieu, des devoirs de la religion naturelle et de la vérité de la religion chrétienne* (*Bibliothèque de Voltaire*, no.785). Les notes marginales (*Corpus des notes marginales*, Berlin et Oxford 1979-, ii.637 et seq.) portent principalement sur la première partie («Démonstration de l'existence et des attributs de Dieu : pour servir de réponse à Hobbes, Spinoza et à leurs sectateurs»). Si Voltaire est d'accord sur la thèse fondamentale de Clarke, il émet de nombreuses objections critiques, parfois fort vives, sur sa démarche démonstrative.

85. Voltaire a lu et utilisé la *Réfutation des erreurs de Benoît de Spinosa, par M. de Fénelon, archevêque de Cambray, par le P. Lami bénédictin et par M. le comte de Boullainvilliers, avec la Vie de Spinosa* (1731 ; *Bibliothèque de Voltaire*, no.1326), en croyant y trouver «les propres paroles» de Spinoza. P. Vernière écrit à ce sujet (p.515) : «Evidemment, comme la plupart des contemporains, Voltaire ne lit pas l'*Ethique* dans le texte [...] Tout ce dont il dispose, c'est de la paraphrase banale et

'A l'égard de l'amour de Dieu, loin que cette idée le puisse affaiblir, j'estime qu'aucune autre n'est plus propre à l'augmenter ; puisqu'elle me fait connaître que Dieu est intime à mon être, qu'il me donne l'existence et toutes mes propriétés, mais qu'il me les donne libéralement, sans reproche, sans intérêt, sans m'assujettir à autre chose qu'à ma propre nature. Elle bannit la crainte, l'inquiétude, la défiance, et tous les défauts d'un amour vulgaire ou intéressé. Elle me fait sentir que c'est un bien que je ne puis perdre, et que je possède d'autant mieux que je le connais et que je l'aime.»

Ces idées séduisirent beaucoup de lecteurs ; il y en eut même qui ayant d'abord écrit contre lui, se rangèrent à son opinion.[86]

On reprocha au savant Bayle d'avoir attaqué durement Spinosa sans l'entendre. Durement, j'en conviens ; injustement, je ne le crois pas. Il serait étrange que Bayle ne l'eût pas entendu. Il découvrit aisément l'endroit faible de ce château enchanté ; il vit qu'en effet Spinosa compose son Dieu de parties, quoiqu'il soit réduit à s'en dédire, effrayé de son propre système. Bayle vit combien il est insensé de faire Dieu astre et citrouille, pensée et fumier, battant et battu. Il vit que cette fable est fort au-dessous de celle de Prothée. Peut-être Bayle devait-il s'en tenir au mot de *modalités*, et non pas de *parties*, puisque c'est ce mot de modalités que Spinosa emploie toujours. Mais il est également impertinent, si je ne me trompe, que l'excrément d'un animal soit une modalité ou une partie de l'Etre suprême.[87]

Il ne combattit point, il est vrai, les raisons par lesquelles Spinosa soutient l'impossibilité de la création : mais c'est que la création proprement dite est un objet de foi, et non pas de philosophie ; c'est que cette opinion n'est nullement particulière à Spinosa, c'est que toute l'antiquité avait pensé comme lui. Il n'attaque que l'idée absurde d'un Dieu simple, composé de parties, d'un Dieu qui se mange et qui se digère lui-même, qui aime et qui

incomplète du comte de Boulainviller éditée à Bruxelles en 1731 par l'abbé Lenglet-Dufresnoy : il y voit une traduction loyale et même «"les propres paroles"» de Spinoza.» Voltaire reprendra la même citation, en 1771, dans l'article «Dieu, dieux» des *Questions sur l'Encyclopédie* (M.xviii.366). Voir *Corpus des notes marginales*, iii.473-74.

86. La longueur inhabituelle de cette présentation dit assez l'importance que Voltaire accorde à Spinoza, même si son système lui semble, à l'examen, «un château enchanté». Le point de rupture se situe au centre même de la doctrine spinoziste : selon elle, Dieu est identique à la nature ; pour Voltaire, celle-ci *émane* de Dieu. En fait, c'est le monisme que Voltaire repousse. Voir H. T. Mason, *Pierre Bayle and Voltaire* (Oxford 1963) et P. Rétat, *Le Dictionnaire de Bayle et la lutte philosophique au XVIIIe siècle* (Paris 1971).

87. Tout ce passage atteste une connaissance assez superficielle du spinozisme (voir ci-dessus, n.85). La critique de Voltaire est d'une extrême faiblesse, qui frise l'incompréhension, et rejoint ici les platitudes des apologistes antispinozistes.

hait la même chose en même temps etc. Spinoza se sert toujours du mot Dieu, Bayle le prend par ses propres paroles.

Mais au fond, Spinoza ne reconnaît point de Dieu ;[88] il n'a probablement employé cette expression, il n'a dit qu'il faut servir et aimer Dieu, que pour ne point effaroucher le genre humain. Il paraît athée dans toute la force de ce terme ; il n'est point athée comme Epicure, qui reconnaissait des dieux inutiles et oisifs ; il ne l'est point comme la plupart des Grecs et des Romains, qui se moquaient des dieux du vulgaire ; il l'est parce qu'il ne reconnaît nulle Providence,[89] parce qu'il n'admet que l'éternité, l'immensité, et la nécessité des choses ; il l'est comme Straton,[90] comme Diagoras ;[91] il ne doute pas comme Pyrrhon, il affirme ; et qu'affirme-t-il ? qu'il n'y a qu'une seule substance, qu'il ne peut y en avoir deux, que cette substance est étendue et pensante, et c'est ce que n'ont jamais dit les philosophes grecs et asiatiques qui ont admis une âme universelle.

Il ne parle en aucun endroit de son livre des desseins marqués qui se manifestent dans tous les êtres. Il n'examine point si les yeux sont faits pour voir, les oreilles pour entendre, les pieds pour marcher, les ailes pour voler ;[92] il ne considère ni les lois du mouvement dans les animaux et dans les plantes, ni leur structure adaptée à ces lois, ni la profonde mathématique qui gouverne le cours des astres : il craint d'apercevoir que tout ce qui existe atteste une Providence divine ; il ne remonte point des effets à leur cause, mais se mettant tout d'un coup à la tête de l'origine des choses, il bâtit son roman comme Descartes a construit le sien, sur une supposition. Il supposait le plein avec Descartes, quoiqu'il soit démontré en rigueur que tout mouvement est impossible dans le plein.[93] C'est là principalement ce qui lui fit regarder l'univers comme une seule

88. C'est l'interprétation courante, quoique fausse, donnée souvent du *Deus, sive natura*.

89. Identifier la négation de la Providence avec l'athéisme serait digne d'un Houtteville ou d'un Nonnotte, mais on s'étonne de trouver pareil argument sous la plume de l'auteur de *Candide*.

90. Philosophe grec, successeur d'Aristote (*c.*287-269 avant J.-C.). Il niait les causes finales et l'âme immatérielle.

91. Diagoras, surnommé l'Athée, disciple de Démocrite (cinquième siècle avant J.-C.).

92. Ce «cause-finalisme» sera ridiculisé par Grimm en des termes cinglants («voilà des arguments d'une force terrible pour des enfants»). P. Vernière (ii.520) se demande si Voltaire y croit vraiment : c'est oublier la démonstration péremptoire du chapitre 2 du *Traité de métaphysique*.

93. Cet argument emprunté à la physique ne provient pas de Bayle. C'est aussi le plus sérieux, et Voltaire s'en réservira dans les *Lettres à S. A. Mgr. le prince de ****.

substance. Il a été la dupe de son esprit géométrique. Comment Spinosa ne pouvant douter que l'intelligence et la matière existent, n'a-t-il pas examiné au moins si la Providence n'a pas tout arrangé ? comment n'a-t-il pas jeté un coup d'œil sur ces ressorts, sur ces moyens dont chacun a son but, et recherché s'ils prouvent un artisan suprême ? Il fallait qu'il fût ou un physicien bien ignorant, ou un sophiste gonflé d'un orgueil bien stupide, pour ne pas reconnaître une Providence toutes les fois qu'il respirait et qu'il sentait son cœur battre ; car cette respiration et ce mouvement du cœur sont des effets d'une machine si industrieusement compliquée, arrangée avec un art si puissant, dépendante de tant de ressorts, concourant tous au même but, qu'il est impossible de l'imiter, et impossible à un homme de bon sens de ne la pas admirer.

Les spinosistes modernes[94] répondent : Ne vous effarouchez pas des conséquences que vous nous imputez ; nous trouvons comme vous une suite d'effets admirables dans les corps organisés et dans toute la nature. La cause éternelle est dans l'Intelligence éternelle que nous admettons, et qui avec la matière constitue l'universalité des choses qui est Dieu. Il n'y a qu'une seule substance qui agit par la même modalité de sa pensée sur sa modalité de la matière, et qui constitue ainsi l'univers, qui ne fait qu'un tout inséparable.

On réplique à cette réponse, Comment pouvez-vous nous prouver que la pensée qui fait mouvoir les astres, qui anime l'homme, qui fait tout, soit une modalité, et que les déjections d'un crapaud et d'un ver soient une autre modalité de ce même Etre souverain ? Oseriez-vous dire qu'un si étrange principe vous est démontré ? Ne couvrez-vous pas votre ignorance par des mots que vous n'entendez point ? Bayle a très bien démêlé les sophismes de votre maître dans les détours et dans les obscurités du style prétendu géométrique, et réellement très confus, de ce maître. Je vous renvoie à lui ; des philosophes ne doivent pas récuser Bayle.[95]

Quoi qu'il en soit, je remarquerai de Spinosa qu'il se trompait de très bonne foi. Il me semble qu'il n'écartait de son système les idées qui pouvaient lui nuire, que parce qu'il était trop plein des siennes ; il suivait sa route sans regarder rien de ce qui pouvait la traverser, et c'est ce qui nous arrive trop souvent. Il y a plus, il renversait tous les principes de la morale, en étant lui-même d'une vertu rigide ;[96] sobre, jusqu'à ne boire qu'une pinte de vin en un mois ; désintéressé, jusqu'à remettre aux héritiers de

94. On ne sait si Voltaire vise ici La Mettrie, Maupertuis, ou Diderot. Peut-être l'expression est-elle simplement synonyme de « monistes ».

95. C'est pourtant ce que fera Voltaire en bien d'autres occasions (voir P. Rétat, *Le Dictionnaire de Bayle*).

96. C'est l'image du philosophe pauvre et vertueux qui fit beaucoup pour la survie de Spinoza, et que Bayle a contribué à entretenir.

l'infortuné Jean de Wit[97] une pension de deux cents florins que lui faisait ce grand homme ; généreux, jusqu'à donner son bien ; toujours patient dans ses maux et dans sa pauvreté, toujours uniforme dans sa conduite. Bayle qui l'a si maltraité avait à peu près le même caractère. L'un et l'autre ont cherché la vérité toute leur vie par des routes différentes. Spinosa fait un système spécieux en quelques points, et bien erroné dans le fond. Bayle a combattu tous les systèmes : qu'est-il arrivé des écrits de l'un et de l'autre ? Ils ont occupé l'oisiveté de quelques lecteurs ; c'est à quoi tous les écrits se réduisent ; et depuis Thalès jusqu'aux professeurs de nos universités, et jusqu'aux plus chimériques raisonneurs, et jusqu'à leurs plagiaires, aucun philosophe n'a influé seulement sur les mœurs de la rue où ils demeuraient. Pourquoi ? Parce que les hommes se conduisent par la coutume, et non par la métaphysique.[98]

xxv. *Absurdités*

Voilà bien des voyages dans des terres inconnues ; ce n'est rien encore. Je me trouve comme un homme qui ayant erré sur l'Océan, et apercevant les îles Maldives dont la mer Indienne est semée, veut les visiter toutes. Mon grand voyage ne m'a rien valu ; voyons si je ferai quelque gain dans l'observation de ces petites îles, qui ne semblent servir qu'à embarrasser la route.

Il y a une centaine de cours de philosophie où l'on m'explique des choses dont personne ne peut avoir la moindre notion. Celui-ci veut me faire comprendre la Trinité par la physique ; il me dit qu'elle ressemble aux trois dimensions de la matière. Je le laisse dire, et je passe vite. Celui-là prétend me faire toucher au doigt la transsubstantiation, en me montrant, par les lois du mouvement, comment un accident peut exister sans sujet, et comment un même corps peut être en deux endroits à la fois.[99] Je me bouche les oreilles, et je passe plus vite encore.

97. Jan de Witt, grand pensionnaire de Hollande, victime en 1672 d'une émeute orangiste où il fut assassiné avec son frère Corneille. Voltaire fait souvent allusion à ce grand homme d'Etat massacré par la populace, entre autres dans l'*Essai sur les mœurs*.

98. Cette constatation désenchantée explique le passage de Voltaire à des moyens d'expression (théâtre, dialogue, dictionnaire, pamphlets, libelles) plus aptes à toucher le grand public et à influencer ses convictions. Voltaire invite ici (et plus loin) ses amis « philosophes » à sortir de leur tour d'ivoire et, selon l'expression de Diderot (*De l'interprétation de la nature*), à « rendre la philosophie populaire ». La variante implique donc tout un programme d'action.

99. On ne sait à quels « cours de philosophie » Voltaire fait allusion, mais la référence est fort probablement sérieuse.

Pascal, Blaise Pascal lui-même, l'auteur des *Lettres provinciales*,[100] profère ces paroles ; *Croyez-vous qu'il soit impossible que Dieu soit infini et sans parties ? Je veux donc vous faire voir une chose indivisible et infinie ; c'est un point, se mouvant partout d'une vitesse infinie, car il est en tous lieux tout entier dans chaque endroit.*[101] Un point mathématique qui se meut ! juste ciel ! un point qui n'existe que dans la tête du géomètre, qui est partout et en même temps, et qui a une vitesse infinie, comme si la vitesse infinie actuelle pouvait exister ! Chaque mot est une folie, et c'est un grand homme qui a dit ces folies !

Votre âme est simple, incorporelle, intangible, me dit cet autre ; et comme aucun corps ne peut la toucher, je vais vous prouver par la physique d'Albert le Grand,[102] qu'elle sera brûlée physiquement, si vous n'êtes pas de mon avis ; et voici comme je vous le prouve *a priori*, en fortifiant Albert par les syllogismes d'Abeli.[103] Je lui réponds que je n'entends pas son *priori* ; que je trouve son compliment très dur ; que la révélation dont il ne s'agit pas entre nous, peut seule m'apprendre une chose si incompréhensible ; que je lui permets de n'être pas de mon avis, sans lui faire aucune menace ; et je m'éloigne de lui, de peur qu'il ne me joue un mauvais tour ; car cet homme me paraît bien méchant.

Une foule de sophistes de tout pays et de toutes sectes m'accable d'arguments inintelligibles sur la nature des choses, sur la mienne, sur mon état passé, présent et futur. Si on leur parle de manger et de boire, de vêtement, de logement, des denrées nécessaires, de l'argent avec lequel on se les procure, tous s'entendent à merveilles ; s'il y a quelques pistoles à gagner, chacun d'eux s'empresse, personne ne se trompe d'un denier ; et quand il s'agit de tout notre être, ils n'ont pas une idée nette. Le sens commun les abandonne ; de là je reviens à ma première conclusion (nombre 4) que ce qui ne peut être d'un usage universel, ce qui n'est pas à la portée du commun des hommes, ce qui n'est pas entendu par ceux qui ont le plus exercé leur faculté de penser,[104] n'est pas nécessaire au genre humain.

100. L'ouvrage de Pascal que Voltaire admirait le plus et dans lequel il voyait un des sommets de la prose française.

101. Citation presque littérale d'une des *Pensées* (*Œuvres*, Pléiade 1969, no.444, p.1211 ; no.231 de l'éd. Brunschvicg).

102. Philosophe allemand du treizième siècle, qui fut aussi tenu pour un grand magicien.

103. Louis Abelli (1603-1691), théologien français hostile aux jansénistes, auteur d'une *Medulla theologica* (1650) qui lui valut d'être cité par Boileau dans *Le Lutrin* (« le moelleux Abelli »).

104. Cette énumération précise la formule, trop restrictive, du chapitre 19 et l'étend considérablement.

XXVI. *Du meilleur des mondes*[105]

En courant de tous côtés pour m'instruire, je rencontrai des disciples de Platon. Venez avec nous, me dit l'un d'eux;[106] vous êtes dans le meilleur des mondes; nous avons bien surpassé notre maître. Il n'y avait de son temps que cinq mondes possibles, parce qu'il n'y a que cinq corps réguliers;[107] mais actuellement qu'il y a une infinité d'univers possibles, Dieu a choisi le meilleur; venez, et vous vous en trouverez bien. Je lui répondis humblement: Les mondes que Dieu pouvait créer, étaient ou meilleurs, ou parfaitement égaux, ou pires. Il ne pouvait prendre le pire. Ceux qui étaient égaux, supposé qu'il y en eût, ne valaient pas la préférence; ils étaient entièrement les mêmes: on n'a pu choisir entre eux: prendre l'un, c'est prendre l'autre. Il était donc impossible qu'il ne prît pas le meilleur. Mais comment les autres étaient-ils possibles, quand il était impossible qu'ils existassent?

Il me fit de très belles distinctions, assurant toujours sans s'entendre, que ce monde-ci est le meilleur de tous les mondes réellement impossibles.[108] Mais me sentant alors tourmenté de la pierre, et souffrant des douleurs insupportables, les citoyens du meilleur des mondes me conduisirent à l'hôpital voisin. Chemin faisant, deux de ces bienheureux habitants furent enlevés par des créatures leurs semblables: on les chargea de fers, l'un pour quelques dettes, l'autre sur un simple soupçon. Je ne sais pas si je fus conduit dans le meilleur des hôpitaux possibles; mais je fus entassé avec deux ou trois mille misérables qui souffraient comme moi. Il y avait là plusieurs défenseurs de la patrie, qui m'apprirent qu'ils avaient été trépanés et disséqués vivants, qu'on leur avait coupé des bras, des jambes, et que plusieurs milliers de leurs généreux compatriotes avaient été massacrés dans l'une des trente batailles données dans la dernière guerre, qui est environ la cent millième guerre depuis que nous connaissons des guerres.[109] On voyait aussi dans cette maison environ mille personnes des deux sexes qui ressemblaient à des spectres hideux, et qu'on frottait d'un certain métal, parce qu'ils avaient suivi la loi de la nature, et parce que

---

105. Ce chapitre a été repris en 1770 dans les *Questions sur l'Encyclopédie*. C'est assez dire quelle importance Voltaire accorde, à cette époque, à la critique de l'optimisme leibnizien, auquel il adhérait encore en écrivant le *Traité de métaphysique*.

106. Il s'agit sans doute de Leibniz.

107. Voir le *Timée*.

108. Certains éditeurs ont corrigé en «possibles», méconnaissant ainsi l'ironie de la phrase, qui s'articule sur le «quand il était impossible qu'ils existassent» de l'alinéa précédent.

109. Le ton et le style rappellent *Candide*, où la maladie, la guerre, et les maux vénériens jouent aussi un rôle important.

la nature avait je ne sais comment pris la précaution d'empoisonner en eux la source de la vie.[110] Je remerciai mes deux conducteurs.

Quand on m'eut plongé un fer bien tranchant dans la vessie, et qu'on eut tiré quelques pierres de cette carrière ; quand je fus guéri, et qu'il ne me resta plus que quelques incommodités douloureuses pour le reste de mes jours, je fis mes représentations à mes guides ; je pris la liberté de leur dire qu'il y avait du bon dans ce monde, puisqu'on m'avait tiré quatre cailloux du sein de mes entrailles déchirées ; mais que j'aurais encore mieux aimé que les vessies eussent été des lanternes,[111] que non pas qu'elles fussent des carrières. Je leur parlai des calamités et des crimes innombrables qui couvrent cet excellent monde.[112] Le plus intrépide d'entre eux, qui était un Allemand, mon compatriote,[113] m'apprit que tout cela n'est qu'une bagatelle.

Ce fut, dit-il, une grande faveur du ciel envers le genre humain, que Tarquin violât Lucrèce, et que Lucrèce se poignardât, parce qu'on chassa les tyrans, et que le viol, le suicide et la guerre établirent une république qui fit le bonheur des peuples conquis. J'eus peine à convenir de ce bonheur. Je ne conçus pas d'abord quelle était la félicité des Gaulois et des Espagnols, dont on dit que César fit périr trois millions.[114] Les dévastations et les rapines me parurent aussi quelque chose de désagréable ; mais le défenseur de l'optimisme n'en démordit point ; il me disait toujours comme le geôlier de don Carlos ; *paix, paix, c'est pour votre bien.*[115] Enfin, étant poussé à bout, il me dit qu'il ne fallait pas prendre garde à ce globule de la terre, où tout va de travers ; mais que dans l'étoile de Sirius, dans Orion, dans l'œil du Taureau, et ailleurs, tout est parfait. Allons-y donc, lui dis-je.

Un petit théologien me tira alors par le bras ; il me confia que ces gens-là étaient des rêveurs, qu'il n'était point du tout nécessaire qu'il y eût du mal sur la terre, qu'elle avait été formée exprès pour qu'il n'y eût jamais que du bien ; et pour vous le prouver, sachez que les choses se passèrent ainsi

110. Le mercure servait à traiter les maladies vénériennes. Voir aussi la finale de l'article « Amour » du *Dictionnaire philosophique* avec des analogies presque littérales.

111. Jeu de mots sur le dicton « faire prendre des vessies pour des lanternes » (= tromper, abuser).

112. Ainsi se résume l'histoire humaine, aussi bien dans le *Dictionnaire philosophique* que dans l'*Essai sur les mœurs*.

113. Evidemment, Leibniz. Voltaire feint ici d'être Allemand (voir ci-dessous, ch.53), comme il feint ailleurs d'être Anglais.

114. L'horreur de Voltaire pour les guerriers, ceux qu'il appelle sarcastiquement les « héros », se retrouve dans ses livres d'histoire et dans ses contes. Ses grands hommes sont des savants, des penseurs, des marchands, des ingénieurs.

115. Le fils de Philippe II, dont la mort en prison fut à l'origine de plusieurs œuvres littéraires (Otway, Alfieri, Schiller).

autrefois pendant dix ou douze jours.[116] Hélas ! lui répondis-je, c'est bien dommage, mon révérend père, que cela n'ait pas continué.

XXVII. *Des monades, etc.*

Le même Allemand se ressaisit alors de moi ; il m'endoctrina, m'apprit clairement ce que c'est que mon âme. Tout est composé de monades dans la nature ; votre âme est une monade ; et comme elle a des rapports avec toutes les autres monades du monde, elle a nécessairement des idées de tout ce qui s'y passe ; ces idées sont confuses, ce qui est très utile ; et votre monade, ainsi que la mienne, est un miroir concentré de cet univers.[117] Mais ne croyez pas que vous agissiez en conséquence de vos pensées. Il y a une harmonie préétablie entre la monade de votre âme et toutes les monades de votre corps, de façon que quand votre âme a une idée, votre corps a une action, sans que l'une soit la suite de l'autre. Ce sont deux pendules qui vont ensemble ; ou si vous voulez, cela ressemble à un homme qui prêche tandis qu'un autre fait les gestes. Vous concevez aisément qu'il faut que cela soit ainsi dans le meilleur des mondes. Car ...[118]

XXVIII. *Des formes plastiques*

Comme je ne comprenais rien du tout à ces admirables idées, un Anglais nommé Cudworth[119] s'aperçut de mon ignorance à mes yeux fixes, à mon embarras, à ma tête baissée ; Ces idées, me dit-il, vous semblent profondes, parce qu'elles sont creuses. Je vais vous apprendre nettement comment la nature agit. Premièrement, il y a la nature en général, ensuite il y a des natures plastiques qui forment tous les animaux et toutes les plantes, vous entendez bien ? Pas un mot, monsieur. Continuons donc.

Une nature plastique n'est pas une faculté du corps, c'est une substance immatérielle qui agit sans savoir ce qu'elle fait, qui est entièrement aveugle, qui ne sent ni ne raisonne, ni ne végète ; mais la tulipe a sa forme plastique qui la fait végéter ; le chien a sa forme plastique qui le fait aller à la chasse, et

116. C'est à quoi Voltaire semble vouloir ramener le séjour au jardin d'Eden.
117. Résumé un peu sommaire de la *Monadologie* (1714) de Leibniz.
118. Voltaire interrompt de manière abrupte un développement qui pourrait prendre une allure trop technique. Les points de suspension suggèrent aussi l'absence de tout intérêt de la part de l'auditeur (qui n'est autre que lui-même).
119. Ralph Cudworth (1617-1688), philosophe anglais, auteur d'un *True intellectual system of the universe* (1678), où il développait, contre l'athéisme et le déterminisme, la thèse du « médiateur plastique », très imprégnée de souvenirs platoniciens.

l'homme a la sienne qui le fait raisonner. Ces formes sont les agents immédiats de la Divinité. Il n'y a point de ministres plus fidèles au monde, car elles donnent tout, et ne retiennent rien pour elles. Vous voyez bien que ce sont là les vrais principes des choses, et que les natures plastiques valent bien l'harmonie préétablie et les monades, qui sont les miroirs concentrés de l'univers. Je lui avouai que l'un valait bien l'autre.[120]

XXIX. *De Locke*

Après tant de courses malheureuses, fatigué, harassé, honteux d'avoir cherché tant de vérités, et d'avoir trouvé tant de chimères, je suis revenu à Locke, comme l'enfant prodigue qui retourne chez son père ;[121] je me suis rejeté entre les bras d'un homme modeste, qui ne feint jamais de savoir ce qu'il ne sait pas, qui, à la vérité, ne possède pas des richesses immenses, mais dont les fonds sont bien assurés, et qui jouit du bien le plus solide, sans aucune ostentation. Il me confirme dans l'opinion que j'ai toujours eue, que rien n'entre dans notre entendement que par nos sens.

Qu'il n'y a point de notions innées.

Que nous ne pouvons avoir l'idée d'un espace infini, ni d'un nombre infini.

Que je ne pense pas toujours, et que par conséquent la pensée n'est pas l'essence, mais l'action de mon entendement.[122]

Que je suis libre quand je peux faire ce que je veux.

Que cette liberté ne peut consister dans ma volonté, puisque lorsque je demeure volontairement dans ma chambre, dont la porte est fermée, et dont je n'ai pas la clef, je n'ai pas liberté d'en sortir ; puisque je souffre quand je veux ne pas souffrir ; puisque très souvent je ne peux rappeler mes idées quand je veux les rappeler.

Qu'il est donc absurde au fond de dire, *la volonté est libre*, puisqu'il est absurde de dire, *je veux vouloir cette chose* ; car c'est précisément comme si on disait, *je désire de la désirer, je crains de la craindre* : qu'enfin la volonté n'est pas plus libre qu'elle n'est bleue ou carrée. (*Voyez* l'article XIII).

Que je ne puis vouloir qu'en conséquence des idées reçues dans mon cerveau ; que je suis nécessité à me déterminer en conséquence de ces idées,

120. C'est-à-dire, pas grand-chose, selon Voltaire.

121. L'empirisme lockien apparaît, ici et ailleurs, à Voltaire comme le dernier mot de la philosophie et comme l'antidote aux spéculations fumeuses de la métaphysique. Rarement cependant cette fidélité est affirmée avec autant de force émotive, et presque de tendresse : l'image est celle du « bon père de famille », si chère au cœur du dix-huitième siècle bourgeois.

122. Toutes affirmations qui contredisent Descartes.

puisque sans cela je me déterminerais sans raison, et qu'il y aurait un effet sans cause. Que je ne puis avoir une idée positive de l'infini, puisque je suis très fini.

Que je ne puis connaître aucune substance, parce que je ne puis avoir d'idée que de leurs qualités, et que mille qualités d'une chose ne peuvent me faire connaître la nature intime de cette chose, qui peut avoir cent mille autres qualités ignorées.

Que je ne suis la même personne qu'autant que j'ai de la mémoire, et le sentiment de ma mémoire;[123] car n'ayant pas la moindre partie du corps qui m'appartenait dans mon enfance, et n'ayant pas le moindre souvenir des idées qui m'ont affecté à cet âge, il est clair que je ne suis pas plus ce même enfant que je ne suis Confucius ou Zoroastre. Je suis réputé la même personne par ceux qui m'ont vu croître, et qui ont toujours demeuré avec moi; mais je n'ai en aucune façon la même existence; je ne suis plus l'ancien moi-même; je suis une nouvelle identité: et de là quelles singulières conséquences !

Qu'enfin, conformément à la profonde ignorance dont je me suis convaincu sur les principes des choses, il est impossible que je puisse connaître quelles sont les substances auxquelles Dieu daigne accorder le don de sentir et de penser. En effet, y a-t-il des substances dont l'essence soit de penser, qui pensent toujours, et qui pensent par elles-mêmes ? En ce cas, ces substances, quelles qu'elles soient, sont des dieux ; car elles n'ont nul besoin de l'Etre éternel et formateur, puisqu'elles ont leurs essences sans lui, puisqu'elles pensent sans lui.

Secondement, si l'Etre éternel a fait le don de sentir et de penser à des êtres, il leur a donné ce qui ne leur appartenait pas essentiellement; il a donc pu donner cette faculté à tout être, quel qu'il soit.

Troisièmement, nous ne connaissons aucun être à fond; donc il est impossible que nous sachions si un être est incapable ou non de recevoir le sentiment et la pensée. Les mots de *matière* et d'*esprit* ne sont que des mots ; nous n'avons nulle notion complète de ces deux choses ; donc au fond il y a autant de témérité à dire qu'un corps organisé par Dieu même ne peut recevoir la pensée de Dieu même, qu'il serait ridicule de dire que l'esprit ne peut penser.

Quatrièmement, je suppose qu'il y ait des substances purement spirituelles qui n'aient jamais eu l'idée de la matière et du mouvement, seront-elles bien reçues à nier que la matière et le mouvement puissent exister ?

Je suppose que la savante congrégation[124] qui condamna Galilée comme

123. Sur ce point, voir déjà le *Traité de métaphysique* (ch.6). Diderot développera l'idée dans *Le Rêve de d'Alembert* (1769).
124. Le Saint-Office, ou l'Inquisition romaine, qui condamna les thèses de Galilée comme hérétiques (1632).

impie, et comme absurde, pour avoir démontré le mouvement de la terre autour du soleil, eût eu quelque connaissance des idées du chancelier Bacon, [125] qui proposait d'examiner si l'attraction est donnée à la matière ; je suppose que le rapporteur de ce tribunal eût remontré à ces graves personnages, qu'il y avait des gens assez fous en Angleterre pour soupçonner que Dieu pouvait donner à toute la matière depuis Saturne jusqu'à notre petit tas de boue, [126] une tendance vers un centre, une attraction, une gravitation, laquelle serait absolument indépendante de toute impulsion ; puisque l'impulsion agit en raison des surfaces, et que cette gravitation agit en raison des solides. Ne voyez-vous pas ces juges de la raison humaine, et de Dieu même, dicter aussitôt leurs arrêts, anathématiser cette gravitation que Newton a démontrée depuis, prononcer que cela est impossible à Dieu, et déclarer que la gravitation vers un centre est un blasphème ? Je suis coupable, ce me semble, de la même témérité, quand j'ose assurer que Dieu ne peut faire sentir et penser un être organisé quelconque.

Cinquièmement, je ne puis douter que Dieu n'ait accordé des sensations, de la mémoire, et par conséquent des idées, à la matière organisée dans les animaux. Pourquoi donc nierai-je qu'il puisse faire le même présent à d'autres animaux ? On l'a déjà dit ; la difficulté consiste moins à savoir si la matière organisée peut penser, qu'à savoir comment un être, quel qu'il soit, pense. [127]

La pensée est quelque chose de divin ; oui sans doute ; et c'est pour cela que je ne saurai jamais ce que c'est que l'être pensant. [128] Le principe du mouvement est divin ; et je ne saurai jamais la cause de ce mouvement dont tous mes membres exécutent les lois.

L'enfant d'Aristote étant en nourrice, attirait dans sa bouche le téton qu'il suçait, en formant précisément avec sa langue qu'il retirait, une machine pneumatique, en pompant l'air, en formant du vide ; tandis que son père ne savait rien de tout cela, et disait au hasard, que la nature abhorre le vide.

L'enfant d'Hipocrate, à l'âge de quatre ans, prouvait la circulation du sang en passant son doigt sur sa main ; et Hipocrate ne savait pas que le sang circulât.

---

125. L'auteur du *Novum organum* (1620) est une des autres figures de proue de la pensée des Lumières. Diderot et l'*Encyclopédie* lui doivent beaucoup. Voltaire a salué en lui l'initiateur de la méthode inductive, et par là de la science moderne (*Lettres philosophiques*, xii).

126. L'expression dépréciative, quasi pascalienne, se trouve déjà au début du *Traité de métaphysique*.

127. C'est la difficulté que Diderot tentera de résoudre dans *Le Rêve de d'Alembert* (1769). Voltaire avait exprimé la même idée dans *La Métaphysique de Newton* (1740) et dans l'article « Ame » du *Dictionnaire philosophique* (1764).

128. Parce que tout ce qui est divin est inconnaissable *a priori*.

Nous sommes ces enfants, tous tant que nous sommes ; nous opérons des choses admirables ; et aucun des philosophes ne sait comment elles s'opèrent.

Sixièmement, voilà les raisons, ou plutôt les doutes que me fournit ma faculté intellectuelle sur l'assertion modeste de Locke. Je ne dis point, encore une fois, que c'est la matière qui pense en nous ; je dis avec lui qu'il ne nous appartient pas de prononcer qu'il soit impossible à Dieu de faire penser la matière ; qu'il est absurde de le prononcer ; et que ce n'est pas à des vers de terre à borner la puissance de l'Etre suprême.[129]

Septièmement, j'ajoute que cette question est absolument étrangère à la morale ;[130] parce que, soit que la matière puisse penser ou non, quiconque pense doit être juste ; parce que l'atome à qui Dieu aura donné la pensée peut mériter ou démériter, être puni ou récompensé, et durer éternellement ; aussi bien que l'être inconnu appelé autrefois *souffle*, et aujourd'hui *esprit*, dont nous avons encore moins de notion que d'un atome.

Je sais bien que ceux qui ont cru que l'être nommé *souffle* pouvait seul être susceptible de sentir et de penser, ont persécuté ceux qui ont pris le parti du sage Locke, et qui n'ont pas osé borner la puissance de Dieu à n'animer que ce souffle. Mais quand l'univers entier croyait que l'âme était un corps léger, un souffle, une substance de feu,[131] aurait-on bien fait de persécuter ceux qui sont venus nous apprendre que l'âme est immatérielle ? Tous les Pères de l'Eglise qui ont cru l'âme un corps délié, auraient-ils eu raison de persécuter les autres Pères qui ont apporté aux hommes l'idée de l'immatérialité parfaite ?[132] Non, sans doute ; car le persécuteur est abominable. Donc ceux qui admettent l'immatérialité parfaite sans la comprendre, ont dû tolérer ceux qui la rejetaient, parce qu'ils ne la comprenaient pas. Ceux qui ont refusé à Dieu le pouvoir d'animer l'être inconnu appelé *matière*, ont dû tolérer aussi ceux qui n'ont pas osé dépouiller Dieu de ce pouvoir ;[133] car il est bien malhonnête de se haïr pour des syllogismes.[134]

129. Ce passage résume l'*Essay concerning human understanding*, liv.II, ch.3, al.6 et liv.II, ch.23, al.32.

130. Nouvelle affirmation de l'autonomie de la morale, tenue pour universelle et naturelle, nullement pour un système de conventions.

131. L'âme ignée.

132. Sur ces contradictions, voir l'article « Ame » du *Dictionnaire philosophique* et déjà la treizième *Lettre philosophique*.

133. Il est intéressant de voir comment l'éloge de la tolérance est associé à celui de Locke.

134. Même expression dans la huitième *Lettre philosophique*, pour féliciter les Anglais d'avoir perdu l'envie « de s'égorger dorénavant pour des syllogismes ».

xxx. *Qu'ai-je appris jusqu'à présent ?*

J'ai donc compté avec Locke et avec moi-même, et je me suis trouvé possesseur de quatre ou cinq vérités, dégagé d'une centaine d'erreurs, et chargé d'une immense quantité de doutes. Je me suis dit ensuite à moi-même : Ce peu de vérités que j'ai acquises par ma raison, sera entre mes mains un bien stérile, si je n'y puis trouver quelques principes de morale.[135] Il est beau à un aussi chétif animal que l'homme, de s'être élevé à la connaissance du maître de la nature : mais cela ne me servira pas plus que la science de l'algèbre, si je n'en tire quelque règle pour la conduite de ma vie.

xxxi. *Y a-t-il une morale ?*

Plus j'ai vu des hommes différents par le climat, les mœurs, le langage, les lois, le culte, et par la mesure de leur intelligence, et plus j'ai remarqué qu'ils ont tous le même fonds de morale.[136] Ils ont tous une notion grossière du juste et de l'injuste, sans savoir un mot de théologie. Ils ont tous acquis cette même notion dans l'âge où la raison se déploie, comme ils ont tous acquis naturellement l'art de soulever des fardeaux avec des bâtons, et de passer un ruisseau sur un morceau de bois, sans avoir appris les mathématiques.

Il m'a donc paru que cette idée du juste et de l'injuste leur était nécessaire, puisque tous s'accordaient en ce point, dès qu'ils pouvaient agir et raisonner. L'Intelligence suprême qui nous a formés, a donc voulu qu'il y eût de la justice sur la terre, pour que nous pussions y vivre un certain temps.[137] Il me semble que n'ayant ni instinct pour nous nourrir comme les animaux, ni armes naturelles comme eux, et végétant plusieurs années dans l'imbécillité[138] d'une enfance exposée à tous les dangers, le peu qui serait resté d'hommes échappés aux dents des bêtes féroces, à la faim, à la misère, se seraient occupés à se disputer quelque nourriture et quelques peaux de

135. La vérité, pour Voltaire, ne vaut que dans la mesure où elle devient principe d'action.

136. Voltaire aborde ici le problème capital, qui consiste à concilier la diversité culturelle avec le maintien de l'unité de la nature humaine, et donc de la morale qui y correspond.

137. On aurait tort de voir ici l'écho d'une théorie finaliste. Simplement, l'ordre du monde − expression de l'intelligence suprême, donc de Dieu − doit correspondre, au niveau du vivant, à un ordre de comportement. Voltaire, s'il rejette les idées innées, croit à l'existence *a priori* des valeurs morales fondamentales (et dès lors universelles).

138. La faiblesse.

bêtes, et qu'ils se seraient bientôt détruits comme les enfants du dragon de Cadmus,[139] sitôt qu'ils auraient pu se servir de quelque arme. Du moins il n'y aurait eu aucune société, si les hommes n'avaient conçu l'idée de quelque justice, qui est le lien de toute société.[140]

Comment[141] l'Egyptien qui élevait des pyramides et des obélisques, et le Scythe errant qui ne connaissait pas même les cabanes, auraient-ils eu les mêmes notions fondamentales du juste et de l'injuste, si Dieu n'avait donné de tout temps à l'un et à l'autre cette raison qui, en se développant, leur fait apercevoir les mêmes principes nécessaires, ainsi qu'il leur a donné des organes, qui, lorsqu'ils ont atteint le degré de leur énergie, perpétuent nécessairement, et de la même façon la race du Scythe et de l'Egyptien ? Je vois une horde barbare ignorante, superstitieuse, un peuple sanguinaire et usurier,[142] qui n'avait pas même de terme dans son jargon pour signifier la géométrie et l'astronomie ;[143] cependant ce peuple a les mêmes lois fondamentales que le sage Chaldéen qui a connu les routes des astres, et que le Phénicien plus savant encore, qui s'est servi de la connaissance des astres pour aller fonder des colonies aux bornes de l'hémisphère où l'Océan se confond avec la Méditerranée. Tous ces peuples assurent qu'il faut respecter son père et sa mère, que le parjure, la calomnie, l'homicide sont abominables. Ils tirent donc tous les mêmes conséquences du même principe de leur raison développée.

xxxii. *Utilité réelle. Notion de la justice*

La notion de quelque chose de juste, me semble si naturelle, si universellement acquise par tous les hommes, qu'elle est indépendante de toute loi, de tout pacte, de toute religion. Que je redemande à un Turc, à un Guèbre,[144]

139. Voltaire se réfère à la légende grecque qui veut que Cadmus, après avoir tué un dragon, sema ses dents et que les guerriers qui en naquirent s'entretuèrent jusqu'à la complète extinction.

140. Or pour Voltaire, comme pour Aristote, l'homme ne peut vivre et se développer qu'en société.

141. A en croire deux notes adressées par Voltaire à Gabriel Cramer (D13982, D13983), ce dernier alinéa aurait été ajouté après coup.

142. Il s'agit du peuple juif, dont Voltaire parle en termes identiques dans l'*Examen important*, le *Dictionnaire philosophique*, *Dieu et les hommes*, et *La Bible enfin expliquée*.

143. Voltaire oppose à la «horde sauvage» de nomades superstitieux la sagesse de l'Inde, la science chaldéenne, l'ingéniosité des Phéniciens. Le but est toujours le même : ridiculiser la prétention des Juifs à être le peuple élu de Dieu.

144. On appelait ainsi les Perses restés fidèles au zoroastrisme. Montesquieu leur consacre la curieuse «Histoire d'Aphéridon et d'Astarté» (*Lettres persanes*, lxvii). Voltaire loue leurs vertus dans sa tragédie *Les Guèbres*.

à un Malabare,[145] l'argent que je lui ai prêté pour se nourrir et pour se vêtir ; il ne lui tombera jamais dans la tête de me répondre, Attendez que je sache si Mahomet, Zoroastre ou Brama ordonnent que je vous rende votre argent. Il conviendra qu'il est juste qu'il me paie ; et s'il n'en fait rien, c'est que sa pauvreté ou son avarice l'emporteront sur la justice qu'il reconnaît.

Je mets en fait, qu'il n'y a aucun peuple chez lequel il soit juste, beau, convenable, honnête de refuser la nourriture à son père et à sa mère quand on peut leur en donner.

Que nulle peuplade n'a jamais pu regarder la calomnie comme une bonne action, non pas même une compagnie de bigots fanatiques.

L'idée de justice me paraît tellement une vérité du premier ordre, à laquelle tout l'univers donne son assentiment, que les plus grands crimes qui affligent la société humaine, sont tous commis sous un faux prétexte de justice. Le plus grand des crimes, du moins le plus destructif, et par conséquent le plus opposé au but de la nature, est la guerre ; mais il n'y a aucun agresseur qui ne colore ce forfait du prétexte de la justice.

Les déprédateurs romains faisaient déclarer toutes leurs invasions justes par des prêtres nommés *féciales*. Tout brigand qui se trouve à la tête d'une armée, commence ses fureurs par un manifeste, et implore le dieu des armées.[146]

Les petits voleurs eux-mêmes, quand ils sont associés, se gardent bien de dire, Allons voler, allons arracher à la veuve et à l'orphelin leur nourriture ; ils disent, Soyons justes, allons reprendre notre bien des mains des riches qui s'en sont emparés. Ils ont entre eux un dictionnaire qu'on a même imprimé dès le seizième siècle,[147] et dans ce vocabulaire qu'ils appellent *argot*, les mots de *vol*, *larcin*, *rapine*, ne se trouvent point ; ils se servent de termes qui répondent à *gagner*, *reprendre*.

Le mot d'*injustice* ne se prononce jamais dans un conseil d'Etat, où l'on propose le meurtre le plus injuste ; les conspirateurs, même les plus

145. Au sens propre : habitant de la côte sud-ouest de l'Inde, mais on désigne ainsi tous les habitants de l'Inde au dix-huitième siècle.

146. Allusion à peine déguisée au *Deus Sabaoth* biblique.

147. Le premier dictionnaire de l'argot fut publié en 1596, en annexe à *La Vie généreuse des mercelots et boemiens, contenant leur façon de vivre, subtilitez et gergon*, œuvre de Pechon de Ruby, ancien « mercelot » lui-même (Lyon, J. Julliéron, in-12). Il se présente comme un *Dictionnaire en langage blesquien* [= argotique], *avec l'explication en vulgaire*, et fut réédité en 1612, 1618, 1622 et 1627. Il a servi de modèle à Chereau de Tours pour son livre *Le Jargon ou langage de l'argot réformé, comme il est à présent en usage parmy les bons pauvres* (1603), maintes fois réédité jusqu'à nos jours (Paris 1927). Guillaume Bouchet, à la suite de ses *Serées* (1598), fournit un glossaire qui présente toutefois une autre codification du jargon (voir G. Esnault, *Dictionnaire historique des argots français*, Paris 1965).

sanguinaires, n'ont jamais dit : Commettons un crime. Ils ont tous dit, Vengeons la patrie des crimes du tyran, punissons ce qui nous paraît une injustice. En un mot, flatteurs lâches, ministres barbares, conspirateurs odieux, voleurs plongés dans l'iniquité, tous rendent hommage, malgré eux, à la vertu même qu'ils foulent aux pieds.[148] J'ai toujours été étonné que chez les Français, qui sont éclairés et polis, on ait souffert sur le théâtre ces maximes aussi affreuses que fausses qui se trouvent dans la première scène de *Pompée*, et qui sont beaucoup plus outrées que celles de Lucain dont elles sont imitées.

La justice et le droit sont de vaines idées.
Le droit des rois consiste à ne rien épargner.[149]

Et on met ces abominables paroles dans la bouche de Photin ministre du jeune Ptolomée. Mais c'est précisément parce qu'il est ministre qu'il devait dire tout le contraire ; il devait représenter la mort de Pompée comme un malheur nécessaire et juste.

Je crois donc que les idées du juste et de l'injuste sont aussi claires, aussi universelles que les idées de santé et de maladie, de vérité et de fausseté, de convenance et de disconvenance.[150] Les limites du juste et de l'injuste sont très difficiles à poser ; comme l'état mitoyen entre la santé et la maladie, entre ce qui est convenance et la disconvenance des choses, entre le faux et le vrai, est difficile à marquer. Ce sont des nuances qui se mêlent, mais les couleurs tranchantes frappent tous les yeux. Par exemple, tous les hommes avouent qu'on doit rendre ce qu'on nous a prêté : mais si je sais certainement que celui à qui je dois deux millions, s'en servira pour asservir ma patrie, dois-je lui rendre cette arme funeste ? Voilà où les sentiments se partagent : mais en général je dois observer mon serment quand il n'en résulte aucun mal ; c'est de quoi personne n'a jamais douté.[151]

---

148. Voltaire paraphrase la maxime célèbre de La Rochefoucauld : « L'hypocrisie est un hommage que le vice rend à la vertu ».

149. Corneille, *La Mort de Pompée* (1643), 1.i.50 et 107, dans le discours de Photin devant Ptolémée. Dans ses *Commentaires sur Corneille*, Voltaire avait déjà dénoncé « cette maxime horrible » et affirmé que ce passage « pèche contre la raison autant que contre la morale » (Voltaire 54, p.396).

150. C'est ce que le Neveu de Rameau, puis Laclos et Sade remettront en question.

151. On touche ici aux fondements même de l'humanisme des Lumières, dans sa confiance en une nature humaine identique et en un consensus moral.

XXXIII. *Consentement universel est-il preuve de vérité ?*

On peut m'objecter que le consentement des hommes de tous les temps et de tous les pays n'est pas une preuve de la vérité.[152] Tous les peuples ont cru à la magie, aux sortilèges, aux démoniaques,[153] aux apparitions, aux influences des astres, à cent autres sottises pareilles. Ne pourrait-il pas en être ainsi du juste et de l'injuste ?

Il me semble que non. Premièrement, il est faux que tous les hommes aient cru à ces chimères. Elles étaient à la vérité l'aliment de l'imbécillité du vulgaire, et il y a le vulgaire des grands et le vulgaire du peuple ;[154] mais une multitude de sages s'en est toujours moquée ; ce grand nombre de sages, au contraire, a toujours admis le juste et l'injuste, tout autant, et même encore plus que le peuple.

La croyance aux sorciers, aux démoniaques etc., est bien éloignée d'être nécessaire au genre humain ; la croyance à la justice est d'une nécessité absolue ; donc elle est un développement de la raison donnée de Dieu ; et l'idée des sorciers et des possédés etc., est au contraire un pervertissement de cette même raison.

XXXIV. *Contre Locke*

Locke qui m'instruit, et qui m'apprend à me défier de moi-même, ne se trompe-t-il pas quelquefois comme moi-même ? Il veut prouver la fausseté des idées innées ; mais n'ajoute-t-il pas une bien mauvaise raison à de fort bonnes ? il avoue qu'il n'est pas juste de faire bouillir son prochain dans une chaudière, et de le manger. Il dit que cependant il y a eu des nations d'anthropophages, et que ces êtres pensants n'auraient pas mangé des hommes, s'ils avaient eu les idées du juste et de l'injuste, que je suppose nécessaires à l'espèce humaine. (*Voyez* le N°. XXXVI).

Sans entrer ici dans la question, s'il y a eu en effet des nations d'anthropophages,[155] sans examiner les relations du voyageur Dam-

152. Cette objection était déjà réfutée vers 1710 dans *Le Militaire philosophe*.

153. Aux possédés par le démon.

154. Cette distinction éclaire la pensée de Voltaire sur un point délicat. Son mépris pour les masses, pour la «canaille», pour le «vulgaire» n'est pas d'ordre social, puisqu'il y a «le vulgaire des grands» ; il est d'ordre intellectuel, et rejoint l'attitude des stoïciens antiques. Diderot, si plein de sollicitude pour le peuple au travail, dira de même que le premier devoir du philosophe est de se «dépopulariser» (voir notre étude «Voltaire et le peuple», *The Age of Enlightenment* : *Studies presented to Th. Besterman*, Edimbourgh et Londres 1967, p.137-51).

155. Ce problème est débattu dans l'article «Anthropophages» du *Dictionnaire philosophique*. Cf. le chapitre sur l'anthropologie de Voltaire dans le livre, cité plus haut, de Michèle Duchet.

pier,[156] qui a parcouru toute l'Amérique, et qui n'y en a jamais vu, mais qui au contraire a été reçu chez tous les sauvages avec la plus grande humanité ; Voici ce que je réponds.

Des vainqueurs ont mangé leurs esclaves pris à la guerre ; ils ont cru faire une action très juste ; ils ont cru avoir sur eux droit de vie et de mort ; et comme ils avaient peu de bons mets pour leur table, ils ont cru qu'il leur était permis de se nourrir du fruit de leur victoire. Ils ont été en cela plus justes que les triomphateurs romains, qui faisaient étrangler sans aucun fruit les princes esclaves qu'ils avaient enchaînés à leur char de triomphe. Les Romains et les sauvages avaient une très fausse idée de la justice, je l'avoue ; mais enfin, les uns et les autres croyaient agir justement ; et cela est si vrai, que les mêmes sauvages, quand ils avaient admis leurs captifs dans leur société, les regardaient comme leurs enfants ; et que ces mêmes anciens Romains ont donné mille exemples de justice admirables.

XXXV. *Contre Locke*

Je conviens, avec le sage Locke, qu'il n'y a point de notion innée, point de principe de pratique inné. C'est une vérité si constante, qu'il est évident que les enfants auraient tous une notion claire de Dieu, s'ils étaient nés avec cette idée, et que tous les hommes s'accorderaient dans cette même notion, accord que l'on n'a jamais vu.[157] Il n'est pas moins évident que nous ne naissons point avec des principes développés de morale, puisqu'on ne voit pas comment une nation entière pourrait rejeter un principe de morale qui serait gravé dans le cœur de chaque individu de cette nation.

Je suppose que nous soyons tous nés avec le principe moral bien développé, qu'il ne faut persécuter personne pour sa manière de penser ; comment des peuples entiers auraient-ils été persécuteurs ? Je suppose que chaque homme porte en soi la loi évidente, qui ordonne qu'on soit fidèle à son serment ; comment tous ces hommes, réunis en corps, auront-ils statué qu'il ne faut pas garder sa parole à des hérétiques ?[158] Je répète encore, qu'au

---

156. William Dampier (1652-1715), explorateur anglais qui donna son nom au détroit contigu à la Nouvelle-Guinée. Il publia en 1697 un *Nouveau voyage autour du monde* (trad. fr. 1698 ; *Bibliothèque de Voltaire*, no.935). Voltaire y a marqué d'un signet le passage où celui-ci déclare n'avoir jamais rencontré d'anthropophages (*Corpus des notes marginales*, iii.24 et n.11). La même allusion se trouve dans l'*Essai sur les mœurs* (éd. R. Pomeau, Paris 1963, ii.345). On lira sur ce sujet un avis différent dans l'article «Anthropophages» du *Dictionnaire philosophique*.

157. On sent ici la tension entre le pluralisme culturel observé par expérience et la croyance en un droit naturel.

158. Allusion au concile de Trente et à l'arrestation de Jan Hus, bien qu'il fût porteur d'un sauf-conduit.

lieu de ces idées innées chimériques, Dieu nous a donné une raison qui se fortifie avec l'âge, et qui nous apprend à tous, quand nous sommes attentifs, sans passion, sans préjugé, qu'il y a un Dieu, et qu'il faut être juste ;[159] mais je ne puis accorder à Locke les conséquences qu'il en tire. Il semble trop approcher du système de Hobbes, dont il est pourtant très éloigné.

Voici ses paroles, au premier livre de l'Entendement humain ; *Considérez une ville prise d'assaut, et voyez s'il paraît dans le cœur des soldats animés au carnage et au butin, quelque égard pour la vertu, quelque principe de morale, quelque remords de toutes les injustices qu'ils commettent.*[160] Non, ils n'ont point de remords, et pourquoi ? C'est qu'ils croient agir justement. Aucun d'eux n'a supposé injuste la cause du prince pour lequel il va combattre : ils hasardent leur vie pour cette cause : ils tiennent le marché qu'ils ont fait : ils pouvaient être tués à l'assaut, donc ils croient être en droit de tuer : ils pouvaient être dépouillés, donc ils pensent qu'ils peuvent dépouiller. Ajoutez qu'ils sont dans l'enivrement de la fureur qui ne raisonne pas ; et pour vous prouver qu'ils n'ont pas rejeté l'idée du juste et de l'honnête, proposez à ces mêmes soldats beaucoup plus d'argent que le pillage de la ville ne peut leur en procurer, de plus belles filles que celles qu'ils ont violées, pourvu seulement qu'au lieu d'égorger dans leur fureur trois ou quatre mille ennemis, qui font encore résistance, et qui peuvent les tuer, ils aillent égorger leur roi, son chancelier, ses secrétaires d'Etat, et son grand aumônier, vous ne trouverez pas un de ces soldats qui ne rejette vos offres avec horreur. Vous ne leur proposez cependant que six meurtres au lieu de quatre mille, et vous leur présentez une récompense très forte. Pourquoi vous refusent-ils ? C'est qu'ils croient juste de tuer quatre mille ennemis, et que le meurtre de leur souverain, auquel ils ont fait serment, leur paraît abominable.

Locke continue, et pour mieux prouver qu'aucune règle de pratique n'est innée, il parle des Mingréliens,[161] qui se font un jeu, dit-il, d'enterrer leurs

159. C'est à quoi se réduit, pour l'essentiel, la religion de Voltaire.

160. Voir *Essay concerning human understanding*, liv.I, ch.3, al.9 : « View but an army at the sacking of a town, and see what observation or sense of moral principles or what touch of conscience for all the outrages they do ». Et Locke renchérit encore : « Robberies, murders, rapes are the sports of men set at liberty from punishment and censure » (éd. Yolton, London 1961, p.30). C'est plus que n'en peut supporter Voltaire.

161. La Mingrélie est l'actuelle Géorgie soviétique. Voltaire tire son information en partie des *Voyages de monsieur le chevalier Chardin en Perse et autres lieux de l'Orient* (1711 ; *Bibliothèque de Voltaire*, no.712), où il a glissé un signet aux pages 104-105 qui concernent cette région et ses habitudes (*Corpus des notes marginales*, ii.491 et n.308). Locke évoquait la cruauté des Mingréliens, peuple chrétien, contre leurs enfants dans l'*Essay*, liv.I, ch.3, al.9 en se fondant sur Lambert et Thévenot. Voltaire conteste la validité de tous ces récits.

enfants tout vifs ; et des Caraïbes,[162] qui châtrent les leurs pour les mieux engraisser, afin de les manger.

On a déjà remarqué ailleurs que ce grand homme a été trop crédule en rapportant ces fables :[163] Lambert,[164] qui seul impute aux Mingréliens d'enterrer leurs enfants tout vifs pour leur plaisir, n'est pas un auteur assez accrédité.

Chardin,[165] voyageur qui passe pour si véridique, et qui a été rançonné en Mingrélie, parlerait de cette horrible coutume si elle existait ; et ce ne serait pas assez qu'il le dît, pour qu'on le crût ; il faudrait que vingt voyageurs de nations et de religions différentes, s'accordassent à confirmer un fait si étrange, pour qu'on en eût une certitude historique.

Il en est de même des femmes des îles Antilles, qui châtraient leurs enfants pour les manger : cela n'est pas dans la nature d'une mère.

Le cœur humain n'est point ainsi fait ; châtrer des enfants est une opération très délicate, très dangereuse, qui loin de les engraisser les amaigrit au moins une année entière, et qui souvent les tue. Ce raffinement n'a jamais été en usage que chez des grands, qui, pervertis par l'excès du luxe et par la jalousie, ont imaginé d'avoir des eunuques pour servir leurs femmes et leurs concubines. Il n'a été adopté en Italie, et à la chapelle du pape, que pour avoir des musiciens dont la voix fût plus belle que celle des femmes.[166] Mais dans les îles Antilles, il n'est guère à présumer que des sauvages aient inventé le raffinement de châtrer les petits garçons pour en faire un bon plat ; et puis qu'auraient-ils fait de leurs petites filles ?[167]

Locke allègue encore des saints de la religion mahométane, qui s'accouplent dévotement avec leurs ânesses, pour n'être point tentés de

162. Les premiers habitants des îles de l'Amérique centrale. Ils furent exterminés par les Espagnols.

163. *Essay concerning human understanding*, liv.i, ch.3, al.9. Voltaire estime que Locke a cru trop aveuglément les relations des voyageurs. (Sur le rôle parfois déformant de ces récits, voir Michèle Duchet, *Anthropologie et histoire*, Paris 1971).

164. L'abbé Claude François Lambert, dans son *Recueil d'observations curieuses sur les mœurs, les arts et les sciences des différents peuples de l'Asie, de l'Afrique et de l'Amérique* (1749), vaste compilation dépourvue d'esprit critique. Il publia aussi une *Histoire générale de tous les peuples du monde* (1750), en 15 volumes.

165. Jean Chardin, un des plus remarquables voyageurs français en Orient. Ce protestant connaissait admirablement l'Inde et la Perse, et il en a tiré la matière d'une relation dont l'intérêt ne s'est pas estompé ; cf. ci-dessus, n.161.

166. Ce n'est qu'au dix-neuvième siècle que les rôles de castrats disparurent complètement du répertoire. Dominique Fernandez leur a consacré un beau roman historique, *Porporino, ou Les mystères de Naples* (Paris 1974).

167. Malgré son indignation, Voltaire ne peut jamais s'empêcher de plaisanter sur ce chapitre.

commettre la moindre fornication avec les femmes du pays. Il faut mettre ces contes avec celui du perroquet qui eut une si belle conversation en langue brasilienne avec le prince Maurice, conversation que Locke a la simplicité de rapporter,[168] sans se douter que l'interprète du prince avait pu se moquer de lui. C'est ainsi que l'auteur de l'*Esprit des lois* s'amuse à citer de prétendues lois de Tunquin, de Bantam, de Borneo, de Formose, sur la foi de quelques voyageurs, ou menteurs, ou mal instruits.[169] Locke et lui, sont deux grands hommes, en qui cette simplicité ne me semble pas excusable.[170]

xxxvi. *Nature partout la même*

En abandonnant Locke en ce point, je dis avec le grand Newton, *Natura est semper sibi consona* : la nature est toujours semblable à elle-même. La loi de la gravitation qui agit sur un astre, agit sur tous les astres, sur toute la matière. Ainsi la loi fondamentale de la morale agit également sur toutes les nations bien connues. Il y a mille différences dans les interprétations de cette loi, en mille circonstances ; mais le fonds subsiste toujours le même, et ce fonds est l'idée du juste et de l'injuste. On commet prodigieusement d'injustices dans les fureurs de ses passions, comme on perd sa raison dans l'ivresse : mais quand l'ivresse est passée, la raison revient ; et c'est, à mon avis, l'unique cause qui fait subsister la société humaine, cause subordonnée au besoin que nous avons les uns des autres.

Comment donc avons-nous acquis l'idée de la justice ? Comme nous avons acquis celle de la prudence, de la vérité, de la convenance, par le sentiment et par la raison.[171] Il est impossible que nous ne trouvions pas très imprudente l'action d'un homme qui se jetterait dans le feu pour se faire admirer, et qui espérerait d'en réchapper. Il est impossible que nous ne trouvions pas très injuste l'action d'un homme qui en tue un autre dans sa colère. La société n'est fondée que sur ces notions qu'on n'arrachera jamais de notre cœur, et c'est pourquoi toute société subsiste, à quelque superstition bizarre et horrible qu'elle se soit asservie.

168. *Essay concerning human understanding*, liv.ii, ch.27, al.8. Le prince est Jean-Maurice de Nassau-Siegen, capitaine général des territoires hollandais d'Amérique, qui fut envoyé au Brésil en 1636 pour y combattre les Portugais.

169. *De l'esprit des lois*, liv.xxiii, ch.4, 12, 16 ; liv.xxiv, ch.14 ; liv.xxvi, ch.14. Le Tonkin est une partie du Vietnam ; Bantam se trouve sur l'île de Java.

170. La confiance absolue de Voltaire dans l'universalité de la loi morale naturelle l'incite à se montrer très critique envers Locke, mais surtout envers Montesquieu (voir surtout l'*A. B. C.*, premier dialogue).

171. Ici et ailleurs, le dix-huitième siècle les associe beaucoup plus qu'il ne les oppose.

Quel est l'âge où nous connaissons le juste et l'injuste ? L'âge où nous connaissons que deux et deux font quatre.[172]

XXXVII. *De Hobbes*

Profond et bizarre philosophe, bon citoyen, esprit hardi, ennemi de Descartes, toi qui t'es trompé comme lui, toi dont les erreurs en physique sont grandes et pardonnables, parce que tu étais venu avant Newton, toi qui as dit des vérités qui ne compensent pas tes erreurs, toi qui le premier fis voir quelle est la chimère des idées innées, toi qui fus le précurseur de Locke en plusieurs choses, mais qui le fus aussi de Spinosa ; c'est en vain que tu étonnes tes lecteurs, en réussissant presque à leur prouver qu'il n'y a aucunes lois dans le monde que des lois de convention ; qu'il n'y a de juste et d'injuste que ce qu'on est convenu d'appeler tel dans un pays. Si tu t'étais trouvé seul avec Cromwel dans une île déserte, et que Cromwel eût voulu te tuer pour avoir pris le parti de ton roi dans l'île d'Angleterre, cet attentat ne t'aurait-il pas paru aussi injuste dans ta nouvelle île, qu'il te l'aurait paru dans ta patrie ?[173]

Tu dis que dans la loi de nature, *tous ayant droit à tout, chacun a droit sur la vie de son semblable*. Ne confonds-tu pas la puissance avec le droit ? Penses-tu qu'en effet le pouvoir donne le droit ? et qu'un fils robuste n'ait rien à se reprocher pour avoir assassiné son père languissant et décrépit ? Quiconque étudie la morale doit commencer à réfuter ton livre dans son cœur ; mais ton propre cœur te réfutait encore davantage ; car tu fus vertueux, ainsi que Spinosa ; et il ne te manqua, comme à lui, que d'enseigner les vrais principes de la vertu que tu pratiquais, et que tu recommandais aux autres.[174]

XXXVIII. *Morale universelle*

La morale me paraît tellement universelle, tellement calculée par l'Etre universel qui nous a formés, tellement destinée à servir de contrepoids à nos passions funestes, et à soulager les peines inévitables de cette courte vie, que

---

172. Cf. l'article « Juste » du *Dictionnaire philosophique*, mais l'argument se trouve déjà dans *Le Militaire philosophe*, au début du siècle.

173. Voltaire n'a pas compris, ou n'a pas voulu comprendre, le sérieux du relativisme de Thomas Hobbes, ni sa théorie morale à fondement sociologique. La réflexion sur Hobbes aboutira, chez Diderot, aux apories du *Neveu de Rameau*.

174. Voltaire confond ici les faits d'observation et les normes de comportement, mais il entend « sauver » Hobbes, comme il avait « sauvé » Spinoza plus haut.

depuis Zoroastre jusqu'au lord Shaftersburi,[175] je vois tous les philosophes enseigner la même morale, quoiqu'ils aient tous des idées différentes sur les principes des choses. Nous avons vu que Hobbes, Spinosa, et Bayle lui-même, qui ont ou nié les premiers principes, ou qui en ont douté, ont cependant recommandé fortement la justice et toutes les vertus.

Chaque nation eut des rites religieux, particuliers, et très souvent d'absurdes et de révoltantes opinions en métaphysique, en théologie. Mais s'agit-il de savoir s'il faut être juste? tout l'univers est d'accord, comme nous l'avons dit au nombre xxxvi, et comme on ne peut trop le répéter.

xxxix. *De Zoroastre*

Je n'examine point en quel temps vivait Zoroastre, à qui les Perses donnèrent neuf mille ans d'antiquité, ainsi que Platon aux anciens Athéniens. Je vois seulement que ses préceptes de morale se sont conservés jusqu'à nos jours : ils sont traduits de l'ancienne langue des mages dans la langue vulgaire des Guèbres ; et il paraît bien aux allégories puériles, aux observances ridicules, aux idées fantastiques dont ce recueil[176] est rempli, que la religion de Zoroastre est de l'antiquité la plus haute. C'est là qu'on trouve le nom de *jardin*[177] pour exprimer la récompense des justes : on y voit le mauvais principe sous le nom de Satan, que les Juifs adoptèrent aussi.[178] On y trouve le monde formé en six saisons, ou en six temps. Il y est ordonné de réciter un *Abunavar* et un *Ashim vuhu* pour ceux qui éternuent.

Mais enfin, dans ce recueil de cent portes[179] ou préceptes tirés du livre du Zend, et où l'on rapporte même les propres paroles de l'ancien Zoroastre, quels devoirs moraux sont-ils prescrits ?

Celui d'aimer, de secourir son père et sa mère, de faire l'aumône aux pauvres, de ne jamais manquer à sa parole, de s'abstenir, quand on est dans le doute, si l'action qu'on va faire est juste ou non. (*porte* 30).

Je m'arrête à ce précepte, parce que nul législateur n'a jamais pu aller au delà ; et je me confirme dans l'idée que plus Zoroastre établit de superstitions ridicules en fait de culte, plus la pureté de sa morale fait

175. Antony Ashley Cooper, 3e comte de Shaftesbury (1671-1713), moraliste anglais qui exerça une forte influence sur Diderot et sur Rousseau.

176. Le Zend-Avesta.

177. On sait la fortune de ce terme dans l'œuvre de Voltaire (opposé à la vigne du Seigneur).

178. Voltaire les taxe toujours de plagiat (cf. *Dieu et les hommes*).

179. Le Zend-Avesta dénombrait cent portes (ou méthodes) pour atteindre au bonheur.

voir qu'il n'était pas en lui de la corrompre ; que plus il s'abandonnait à l'erreur dans ses dogmes, plus il lui était impossible d'errer en enseignant la vertu.[180]

XL. *Des brachmanes*

Il est vraisemblable que les brames, ou brachmanes, existaient longtemps avant que les Chinois eussent leurs cinq Kings ;[181] et ce qui fonde cette extrême probabilité, c'est qu'à la Chine, les antiquités les plus recherchées sont indiennes, et que dans l'Inde il n'y a point d'antiquités chinoises.

Ces anciens brames étaient sans doute d'aussi mauvais métaphysiciens, d'aussi ridicules théologiens que les Chaldéens et les Perses, et toutes les nations qui sont à l'occident de la Chine. Mais quelle sublimité dans la morale ! Selon eux, la vie n'était qu'une mort de quelques années, après laquelle on vivrait avec la Divinité. Ils ne se bornaient pas à être justes envers les autres, mais ils étaient rigoureux envers eux-mêmes ; le silence, l'abstinence, la contemplation, le renoncement à tous les plaisirs, étaient leurs principaux devoirs. Aussi tous les sages des autres nations allaient chez eux apprendre ce qu'on appelait *la sagesse*.

XLI. *De Confucius*

Les Chinois n'eurent aucune superstition, aucun charlatanisme à se reprocher comme les autres peuples.[182] Le gouvernement chinois montrait aux hommes, il y a fort au delà de quatre mille ans, et leur montre encore,[183] qu'on peut les régir sans les tromper ; que ce n'est pas par le mensonge qu'on sert le Dieu de vérité ; que la superstition est non seulement inutile, mais nuisible à la religion. Jamais l'adoration de Dieu ne fut si pure et si sainte qu'à la Chine (*à la révélation près*).[184] Je ne parle pas des sectes du peuple, je parle de la religion du prince, de celle de tous les tribunaux, et de tout ce qui n'est pas populace.[185] Quelle est la religion de

---

180. Le lecteur est supposé appliquer cette observation au christianisme, par analogie.

181. Les cinq livres sacrés de la sagesse, dont on attribuait la mise en ordre à Confucius.

182. Le modèle chinois avait été popularisé par les relations des jésuites. Voltaire et les philosophes en firent un modèle déiste et tolérant.

183. On songe au dialogue entre le frère Rigolet et l'empereur chinois Yong-Tchin dans la *Relation du bannissement des jésuites de la Chine* (1768).

184. Repentir dicté par la prudence, mais dont l'ironie est transparente.

185. Voir ci-dessus, n.154.

tous les honnêtes gens à la Chine depuis tant de siècles ? La voici : *Adorez le ciel, et soyez justes.*[186] Aucun empereur n'en a eu d'autre.

On place souvent le grand Confutsée, que nous nommons Confucius, parmi les anciens législateurs, parmi les fondateurs des religions ; c'est une grande inadvertance. Confutsée est très moderne ; il ne vivait que six cent cinquante ans avant notre ère. Jamais il n'institua aucun culte, aucun rite ; jamais il ne se dit ni inspiré, ni prophète ; il ne fit que rassembler en un corps les anciennes lois de la morale.

Il invite les hommes à pardonner les injures, et à ne se souvenir que des bienfaits.

A veiller sans cesse sur soi-même, à corriger aujourd'hui les fautes d'hier.

A réprimer ses passions, et à cultiver l'amitié ; à donner sans faste, et à ne recevoir que l'extrême nécessaire, sans bassesse.

Il ne dit point qu'il ne faut pas faire à autrui ce que nous ne voulons pas qu'on fasse à nous-mêmes ; ce n'est que défendre le mal : il fait plus, il recommande le bien : *Traite autrui comme tu veux qu'on te traite.*[187]

Il enseigne non seulement la modestie, mais encore l'humilité : il recommande toutes les vertus.

XLII. *Des philosophes grecs, et d'abord de Pythagore*

Tous les philosophes grecs ont dit des sottises en physique et en métaphysique. Tous sont excellents dans la morale ; tous égalent Zoroastre, Confutsée, et les brachmanes. Lisez seulement les vers dorés de Pythagore, c'est le précis de sa doctrine ; il n'importe de quelle main ils soient. Dites-moi si une seule vertu y est oubliée.

XLIII. *De Zaleucus*[188]

Réunissez tous vos lieux communs, prédicateurs grecs, italiens, espagnols, allemands, français etc. ; qu'on distille toutes vos déclamations, en tirera-t-on un extrait qui soit plus pur que l'exorde des lois de Zaleucus ?

Maîtrisez votre âme, purifiez-la, écartez toute pensée criminelle. Croyez que Dieu ne peut être bien servi par les pervers ; croyez qu'il ne ressemble pas aux faibles mortels, que les louanges et les présents séduisent : la vertu seule peut lui plaire.

Voilà le précis de toute morale et de toute religion.

186. Voir ci-dessus, ch.35, p.44.

187. Riposte implicite à la phrase de Jésus.

188. Législateur et philosophe grec de Locres, en Italie méridionale (septième siècle avant J.-C.). Son code fut tenu pour un modèle du genre. Voltaire admire en lui, comme en Confucius, le moraliste associé au penseur politique.

XLIV. *D'Epicure*

Des pédants de collège, des petits-maîtres de séminaire, ont cru, sur quelques plaisanteries d'Horace et de Pétrone, qu'Epicure avait enseigné la volupté par les préceptes et par l'exemple.[189] Epicure fut toute sa vie un philosophe sage, tempérant et juste. Dès l'âge de douze à treize ans, il fut sage ; car lorsque le grammairien qui l'instruisait, lui récita ce vers d'Hésiode ;

Le Chaos fut produit le premier de tous les êtres :

Eh ! qui le produisit, dit Epicure, puisqu'il était le premier ? Je n'en sais rien, dit le grammairien ; il n'y a que les philosophes qui le sachent. Je vais donc m'instruire chez eux, repartit l'enfant ; et depuis ce temps, jusqu'à l'âge de soixante et douze ans, il cultiva la philosophie. Son testament, que Diogène de Laërce nous a conservé tout entier,[190] découvre une âme tranquille et juste ; il affranchit les esclaves qu'il croit avoir mérité cette grâce : il recommande à ses exécuteurs testamentaires de donner la liberté à ceux qui s'en rendront dignes. Point d'ostentation, point d'injuste préférence ; c'est la dernière volonté d'un homme qui n'en a jamais eu que de raisonnables. Seul de tous les philosophes, il eut pour amis tous ses disciples, et sa secte fut la seule où l'on sut aimer, et qui ne se partagea point en plusieurs autres.[191]

Il paraît, après avoir examiné sa doctrine, et ce qu'on a écrit pour et contre lui, que tout se réduit à la dispute entre Mallebranche et Arnauld.[192] Mallebranche avouait[193] que le plaisir rend heureux, Arnauld le niait ; c'était une dispute de mots, comme tant d'autres disputes où la philosophie et la théologie apportent leur incertitude, chacune de son côté.

189. Bayle s'était déjà insurgé contre cette légende.

190. Voltaire possédait *Les Vies des plus illustres philosophes de l'antiquité, avec leurs dogmes, leurs systèmes, leur morale et leurs sentences* (éd. Amsterdam 1761 ; *Bibliothèque de Voltaire*, no.1042) et y a marqué d'un signet ii.396-97 et 420-21 sur Epicure (*Corpus des notes marginales*, iii.145).

191. Il n'y a aucune raison de corriger, comme certaines éditions, en *sût* et en *partageât*. Voltaire insiste sur l'affirmation d'un fait.

192. Antoine Arnauld (1612-1694), une des grandes figures du mouvement janséniste. Il lutta à la fois contre les jésuites et contre les protestants. Lorsque Malebranche publia, en 1681, son *Traité de la nature et de la grâce*, il riposta par un traité *Des vraies et des fausses idées* (1683), où il s'en prenait vivement à la notion de la « vision en Dieu ».

193. Ce qui donne implicitement raison à Malebranche, contre l'austère puritanisme d'Arnauld.

XLV. *Des stoïciens*

Si les épicuriens rendirent la nature humaine aimable, les stoïciens la rendirent presque divine. Résignation à l'Etre des êtres, ou plutôt élévation de l'âme jusqu'à cet Etre ; mépris du plaisir, mépris même de la douleur, mépris de la vie et de la mort, inflexibilité dans la justice ; tel était le caractère des vrais stoïciens ; et tout ce qu'on a pu dire contre eux, c'est qu'ils décourageaient le reste des hommes.

Socrate, qui n'était pas de leur secte, fit voir qu'on pouvait pousser la vertu aussi loin qu'eux, sans être d'aucun parti ; et la mort de ce martyr[194] de la Divinité est l'éternel opprobre d'Athènes, quoiqu'elle s'en soit repentie.

Le stoïcien Caton est d'un autre côté l'éternel honneur de Rome. Epictète dans l'esclavage, est peut-être supérieur à Caton, en ce qu'il est toujours content de sa misère. Je suis, dit-il, dans la place où la Providence a voulu que je fusse ; m'en plaindre, c'est l'offenser.

Dirai-je que l'empereur Antonin[195] est encore au-dessus d'Epictète, parce qu'il triompha de plus de séductions, et qu'il était bien plus difficile à un empereur de ne se pas corrompre, qu'à un pauvre de ne pas murmurer ? Lisez les Pensées[196] de l'un et de l'autre ; l'empereur et l'esclave vous paraîtront également grands.

Oserai-je parler ici de l'empereur Julien ?[197] Il erra sur le dogme ;[198] mais certes il n'erra pas sur la morale. En un mot, nul philosophe dans l'antiquité qui n'ait voulu rendre les hommes meilleurs.

Il y a eu des gens parmi nous qui ont dit, que toutes les vertus de ces grands hommes n'étaient que des péchés illustres.[199] Puisse la terre être couverte de tels coupables !

194. Il y eut, au dix-huitième siècle, une sorte de mythologie socratique ; voir R. Trousson, *Socrate devant Voltaire, Diderot et Rousseau* (Paris 1967).

195. Le nom est pris ici au sens générique ; l'allusion aux *Pensées* prouve qu'il s'agit de Marc-Aurèle (un des sept empereurs antonins) et non d'Antonin le Pieux, l'éponyme de cette dynastie.

196. Le vrai titre du livre de Marc-Aurèle est, en grec, *Pour soi-même*, mais on l'a traduit sous le titre *Pensées* (cf. *Bibliothèque de Voltaire*, no.2312).

197. Son hostilité au christianisme, son courage, sa mort dramatique en ont fait un des héros des Lumières. Voltaire se refuse à l'appeler l'« Apostat » et le réhabilite à diverses reprises dans les *Questions sur l'Encyclopédie* (articles « Apostat », « Histoire », « Julien »). Voir aussi son *Supplément au discours de Julien* (1769).

198. Simple ironie.

199. C'est la thèse de saint Augustin, combattue au dix-septième siècle par les libertins (entre autres La Mothe Le Vayer, dans *La Vertu des païens*). Pour Augustin, les vertus des païens ne sont que « des péchés splendides ». Voltaire s'en indigne dans le *Dictionnaire philosophique* (article « Catéchisme chinois »).

XLVI. *Philosophie est vertu*

Il y eut des sophistes, qui furent aux philosophes ce que les hommes sont aux singes. Lucien[200] se moqua d'eux ; on les méprisa. Ils furent à-peu-près ce qu'ont été les moines mendiants dans les universités. Mais n'oublions jamais que tous les philosophes ont donné de grands exemples de vertu, et que les sophistes, et même les moines,[201] ont tous respecté la vertu dans leurs écrits.

XLVII. *D'Esope*

Je placerai Esope parmi ces grands hommes, et même à la tête de ces grands hommes, soit qu'il ait été le Pilpay[202] des Indiens, ou l'ancien précurseur de Pilpay, ou le Lokman[203] des Perses, ou le Akkim des Arabes, ou le Hacam des Phéniciens,[204] il n'importe ; je vois que ses fables ont été en vogue chez toutes les nations orientales, et que l'origine s'en perd dans une antiquité dont on ne peut sonder l'abîme. A quoi tendent ces fables aussi profondes qu'ingénues, ces apologues qui semblent visiblement écrits dans un temps où l'on ne doutait pas que les bêtes n'eussent un langage ? Elles ont enseigné presque tout notre hémisphère. Ce ne sont point des recueils de sentences fastidieuses qui lassent plus qu'elles n'éclairent ; c'est la vérité elle-même avec le charme de la fable. Tout ce qu'on a pu faire, c'est d'y ajouter des embellissements dans nos langues modernes. Cette ancienne sagesse est simple et nue dans le premier auteur. Les grâces naïves dont on l'a ornée en France n'en ont point caché le fonds respectable. Que nous apprennent toutes ces fables ? qu'il faut être juste.

200. Ecrivain grec du deuxième siècle de notre ère, né à Samosate, en Syrie. Rhéteur, poète, philosophe, il est surtout l'auteur de romans et de dialogues satiriques où il expose son scepticisme railleur à l'égard des valeurs consacrées. Voltaire lui doit beaucoup, et il lui rend hommage dans la *Conversation de Lucien, Erasme et Rabelais* (1765). Il possédait ses œuvres dans la traduction de N. Perrot (éd. Paris 1733 ; *Bibliothèque de Voltaire*, no.2222).
201. La concession a valeur satirique.
202. Personnage légendaire à qui on attribuait le corpus des fables de l'Inde (*Panchatantra* et *Hitopadeça*). La Fontaine le compte parmi ses sources favorites (en français, *Livre des lumières, ou la conduite des roys, composé par le sage Pilpay, Indien*, Paris 1644).
203. Personnage fabuleux à qui les Arabes attribuaient un recueil de fables, pour la plupart dérivées des apologues grecs (en français, *Les Contes et fables indiennes de Bidpaï et Lokman*, trad. Galland, Paris 1724).
204. Nous n'avons trouvé aucun fabuliste de ce nom. En arabe, *Hakim* signifie sage, expert, habile homme.

XLVIII. *De la paix née de la philosophie*

Puisque tous les philosophes avaient des dogmes différents, il est clair que le dogme et la vertu sont d'une nature entièrement hétérogène.[205] Qu'ils crussent ou non que Thétis était la déesse de la mer, qu'ils fussent persuadés ou non de la guerre des géants et de l'âge d'or, de la boîte de Pandore et de la mort du serpent Pithon etc., ces doctrines n'avaient rien de commun avec la morale. C'est une chose admirable dans l'antiquité que la théogonie n'ait jamais troublé la paix des nations.[206]

XLIX. *Questions*

Ah! si nous pouvions imiter l'antiquité! si nous faisions enfin à l'égard des disputes théologiques, ce que nous avons fait au bout de dix-sept siècles dans les belles-lettres!

Nous sommes revenus au goût de la saine antiquité, après avoir été plongés dans la barbarie de nos écoles.[207] Jamais les Romains ne furent assez absurdes pour imaginer qu'on pût persécuter un homme, parce qu'il croyait le vide ou le plein, parce qu'il prétendait que les accidents ne peuvent pas subsister sans sujet, parce qu'il expliquait en un sens un passage d'un auteur, qu'un autre entendait dans un sens contraire.[208]

Nous avons recours tous les jours à la jurisprudence des Romains; et quand nous manquons de lois (ce qui nous arrive si souvent) nous allons consulter le Code et le Digeste.[209] Pourquoi ne pas imiter nos maîtres dans leur sage tolérance?

Qu'importe à l'Etat qu'on soit du sentiment des réaux ou des nominaux,[210] qu'on tienne pour Scot[211] ou pour Thomas,[212] pour Œcolam-

205. C'est un principe que les philosophes, et Voltaire en particulier, ne cessent de répéter. Voir p. ex. le chapitre 12 («Le Souper») de *Zadig*.

206. Voltaire sous-entend qu'on ne peut en dire autant de la théologie chrétienne.

207. Ce jugement sommaire sur le moyen âge reflète les vues générales de l'historiographie des «Lumières» (voir entre autres d'Alembert, dans le «Discours préliminaire» à l'*Encyclopédie*, et Diderot dans son *Plan d'une université*).

208. La tolérance des Romains est un lieu commun des déistes anglais (p. ex. A. Collins, *A discourse on free-thinking*).

209. Le code de Justinien. Voltaire était partisan du recours au droit romain contre la diversité du droit coutumier, hérité du système féodal.

210. Allusion à la querelle entre «réalistes» et «nominalistes» qui divisa la philosophie scolastique.

211. Le théologien irlandais Duns Scot, surnommé «le Docteur subtil», mort en 1308. Il entra dans l'ordre des franciscains et devint le plus redoutable rival de Thomas d'Aquin.

[*Voir la note 212 en face*]

pade[213] ou pour Mélancton,[214] qu'on soit du parti d'un évêque d'Ypre,[215] qu'on n'a point lu, ou d'un moine espagnol[216] qu'on a moins lu encore ? N'est-il pas clair que tout cela doit être aussi indifférent au véritable intérêt d'une nation, que de traduire bien ou mal un passage de Lycophron[217] ou d'Hésiode ?[218]

L. *Autres questions*

Je sais que les hommes sont quelquefois malades du cerveau. Nous avons eu un musicien qui est mort fou, parce que sa musique n'avait pas paru assez bonne.[219] Des gens ont cru avoir un nez de verre ;[220] mais s'il y en

212. Thomas d'Aquin, surnommé « l'ange de l'école ». Son chef-d'œuvre, la *Summa theologica*, est une vaste encyclopédie de la philosophie et de la théologie, à fondement aristotélicien, et qui fournit une réponse à tous les problèmes de la foi chrétienne.

213. Œcolampade (transposition grecque de Johannes Hausschein), théologien allemand, ami d'Erasme, auteur de nombreux écrits de controverse théologique (1482-1531). Il fut mêlé aux débats de la Réforme et s'efforça de réconcilier Zwingli avec Luther.

214. Melanchton (transposition grecque de Philipp Schwarzerd), le grand humaniste de la Réforme luthérienne, neveu de l'hébraïsant Reuchlin ; il ne cessa de prôner la réconciliation et la paix, tout en collaborant à la traduction allemande de la Bible (la Bible de Luther).

215 Cornelius Jansen, latinisé en Jansenius (1585-1638), théologien d'origine hollandaise, professeur à Louvain, puis évêque d'Ypres. Son *Augustinus* (1640) se présentait comme la synthèse de la pensée augustinienne ; il y niait le libre arbitre, affirmait la prédestination, et fondait la théologie sur l'idée de la grâce divine. Saint-Cyran, puis Arnauld et Nicole répandirent sa doctrine en France ; elle fut combattue par les jésuites, condamnée par la Sorbonne, et plus tard par Rome.

216. Le jésuite espagnol Luis Molina (1535-1601), auteur d'un traité *De liberi arbitrii cum gratiae donis concordia* (1588), qui soutenait l'importance du libre arbitre. Ce « molinisme » fut combattu d'emblée par les dominicains, puis par les jansénistes.

217. Lycophron, poète grec du troisième siècle avant J.-C. Son poème *Alexandra* était considéré comme le sommet d'un art érudit, difficile et obscur.

218. Auteur archaïque grec, qui composa une *Théogonie* et le poème didactique *Les Travaux et les Jours*.

219. Il pourrait s'agir de Jean Joseph Mouret (1682-1737), protégé de la duchesse Du Maine, à Sceaux, et que la mort de sa protectrice priva d'emploi et conduisit à la folie.

220. Le licencié de verre des *Nouvelles exemplaires* de Cervantès se croyait entièrement fait de verre.

avait d'assez attaqués pour penser, par exemple, qu'ils ont toujours raison, y aurait-il assez d'ellébore[221] pour une si étrange maladie ?

Et si ces malades, pour soutenir qu'ils ont toujours raison, menaçaient du dernier supplice quiconque pense qu'ils peuvent avoir tort, s'ils établissaient des espions pour découvrir les réfractaires, s'ils décidaient qu'un père sur le témoignage de son fils, une mère sur celui de sa fille, doit périr dans les flammes etc., ne faudrait-il pas lier ces gens-là, et les traiter comme ceux qui sont attaqués de la rage ?[222]

LI. *Ignorance*

Vous me demandez à quoi bon tout ce sermon, si l'homme n'est pas libre ? D'abord je ne vous ai point dit que l'homme n'est pas libre ; je vous ai dit, que sa liberté consiste dans son pouvoir d'agir, et non pas dans le pouvoir chimérique de *vouloir vouloir*. Ensuite je vous dirai que tout étant lié dans la nature, la Providence éternelle me prédestinait à écrire ces rêveries, et prédestinait cinq ou six lecteurs à en faire leur profit, et cinq à six autres à les dédaigner et à les laisser dans la foule immense des écrits inutiles.

Si vous me dites que je ne vous ai rien appris, souvenez-vous que je me suis annoncé comme un ignorant.

LII. *Autres ignorances*

Je suis si ignorant, que je ne sais pas même les faits anciens dont on me berce ; je crains toujours de me tromper de sept à huit cents années au moins,[223] quand je recherche en quel temps ont vécu ces antiques héros, qu'on dit avoir exercé les premiers le vol et le brigandage dans une grande étendue de pays ; et ces premiers sages qui adorèrent des étoiles ou des poissons, ou des serpents, ou des morts, ou des êtres fantastiques.

Quel est celui qui le premier imagina les six Gahambars,[224] et le pont de

---

221. Plante médicinale qui servait de purgatif et passait pour guérir de la folie (emplois attestés chez Rabelais, La Fontaine, Molière, Regnard).

222. Voltaire vise ici les pratiques de l'Inquisition (voir N. Eymericus, *Le Manuel des inquisiteurs*, éd. Sala-Molins, Paris 1973).

223. La rigueur chronologique était alors une exigence encore récente, dont la nécessité avait été établie, et les méthodes mises au point par le R. P. Pétau et le sinologue Fréret, mais où presque tout restait à faire.

224. Nom des fêtes qui se célébraient dans l'ancien calendrier avestique pendant le cours de chaque saison de l'année. Elles sont encore observées par les Parsis. Ces saisons, au nombre de six, correspondant aux six périodes de la création, étaient : Maidhyozaremaya (au milieu du printemps), Maidhyoshema (au milieu de l'été),

Tshinavar,[225] et le Dardaroth,[226] et le lac de Karon ?[227] en quel temps vivait le premier Bacchus, le premier Hercule, le premier Orphée ?

Toute l'antiquité est si ténébreuse jusqu'à Thucidide et Xénophon, que je suis réduit à ne savoir presque pas un mot de ce qui s'est passé sur le globe que j'habite, avant le court espace d'environ trente siècles ;[228] et dans ces trente siècles encore, que d'obscurités ! que d'incertitudes ! que de fables !

Paitishahya (temps des épis), Ayâthrema (temps des troupeaux), Maidhyarya (milieu de l'année, solstice d'hiver), Hamaspatmaedha (fête des sacrifices). Les six gahambars sont encore mentionnés par Voltaire dans l'*Essai sur les mœurs*, ch.5 (i.251).

225. Le pont où l'âme était l'objet d'une lutte entre le bien et le mal au cours de son dernier voyage. La meilleure explication en avait été fournie par Thomas Hyde dans son *Historia religionis veterum Persarum*, parue en 1700 (voir éd. Oxford 1760, p.410).

226. L'explication du mot nous est fournie par Jaucourt, dans l'article « Enfer » de l'*Encyclopédie* (v.671b). On y lit : « le nom du *Tartare* vient de l'Egyptien *Dardarot*, qui signifie *habitation éternelle*, qualification que les Egyptiens donnaient par excellence à leurs tombeaux ». Voltaire l'emploie ailleurs (M.xx.481 et xxx.480), ainsi qu'au chapitre 23 de sa *Philosophie de l'histoire* (*The Complete works of Voltaire* 59, 1968-, p.170) : « Les Grecs, qui prirent tant de choses des Egyptiens, leur Tartharoth, dont ils firent le Tartare, le lac dont ils firent l'Achéron ». La graphie *Dardaroth*, employée ici, pourrait bien être due à l'exemple de Jaucourt. Celui-ci tenait ces étymologies, de son propre aveu, de Diodore de Sicile, de Bochart et de Leclerc.

227 C'est encore à l'article « Enfer » de l'*Encyclopédie* qu'il faut recourir pour expliquer ce mot. Jaucourt y expose, à la suite de Diodore de Sicile (*Bibliothèque historique*, liv.i), les origines égyptiennes des traditions grecques relatives à la mort. Il y avait, en Egypte, un lac au-delà duquel on enterrait les morts, après délibération tenue par 40 juges. Si le mort était jugé digne de sépulture, on mettait son cadavre dans une barque, dont le batelier se nommait Caron. Jaucourt ajoute : « La fable rapporte que le Caron des Grecs est toujours sur le lac ; celui des Egyptiens avait établi sa demeure sur les bords du lac Querron ». A l'article « Querron (Géogr. anc.) » de l'*Encyclopédie*, on peut lire : « lac d'Egypte au-delà duquel on enterrait les morts, et qui était formé des eaux du Nil. Il a donné lieu à la fable du Caron des Grecs ». Le Karon de notre texte correspond bien au Querron de l'*Encyclopédie*. (Nous devons l'information contenue dans les notes 225, 226 et 227 à la vaste érudition de José-Michel Moureaux, que nous remercions cordialement.)

228. Pour Voltaire, comme pour tous ses contemporains, l'histoire ne sort de la légende qu'à partir des Grecs. Dans l'*Essai sur les mœurs* (i.37), il écrit : « J'avoue que je ne comprends rien aux deux empires de Babylone et d'Assyrie ».

LIII. *Plus grande ignorance*

Mon ignorance me pèse bien davantage, quand je vois que ni moi, ni mes compatriotes, nous ne savons absolument rien de notre patrie. Ma mère m'a dit que j'étais né sur les bords du Rhin,[229] je le veux croire. J'ai demandé à mon ami le savant Apédeutès,[230] natif de Courlande,[231] s'il avait quelque connaissance des anciens peuples du Nord ses voisins, et de son malheureux petit pays? il m'a répondu qu'il n'en avait pas plus de notion que les poissons de la mer Baltique.

Pour moi, tout ce que je sais de mon pays, c'est que César dit, il y a environ dix-huit cents ans, que nous étions des brigands, qui étions dans l'usage de sacrifier des hommes à je ne sais quels dieux pour obtenir d'eux quelque bonne proie, et que nous n'allions jamais en course qu'accompagnés de vieilles sorcières qui faisaient ces beaux sacrifices.

Tacite, un siècle après, dit quelques mots de nous,[232] sans nous avoir jamais vus : il nous regarde comme les plus honnêtes gens du monde en comparaison des Romains ; car il assure que quand nous n'avions personne à voler, nous passions les jours et les nuits à nous enivrer de mauvaise bière dans nos cabanes.

Depuis ce temps de notre âge d'or,[233] c'est un vide immense jusqu'à l'histoire de Charlemagne. Quand je suis arrivé à ces temps connus, je vois dans Goldstad[234] une charte de Charlemagne datée d'Aix-la-Chapelle, dans laquelle ce savant empereur parle ainsi :

Vous savez que chassant un jour auprès de cette ville, je trouvai les thermes et le palais que Granus frère de Néron et d'Agrippa avait autrefois bâtis.[235]

Ce Granus et cet Agrippa frères de Néron, me font voir que Charlemagne était aussi ignorant que moi ; et cela soulage.

---

229. Sur cette fiction, voir déjà ch.26, p.23, n.113.

230. Apédeutes signifie, en grec : sans instruction, ignorant, grossier, stupide. Il s'agit donc d'un autre « philosophe ignorant ».

231. La Courlande désignait une région de la Lettonie actuelle.

232. Dans le *De Germania*, où le Germain était présenté comme une sorte de « bon sauvage » et opposé à la corruption romaine.

233. Ironie à double entente, à la fois contre le primitivisme et contre le mythe d'un âge d'or.

234. Lapsus pour Goldast. Melchior Goldast de Heiminsfeld (1576-1635) était un érudit suisse qui rassembla une énorme documentation sur l'Empire, mais sans montrer beaucoup d'esprit critique (voir l'article « Goldast » dans le *Dictionnaire* de Bayle).

235. Sans doute s'agit-il d'une étymologie populaire du nom latin d'Aix-la-Chapelle, *Aquisgranum*.

LIV. *Ignorance ridicule*

L'histoire de l'Eglise de mon pays ressemble à celle de Granus frère de Néron et d'Agrippa, et est bien plus merveilleuse. Ce sont de petits garçons ressuscités,[236] des dragons pris avec une étole comme des lapins avec un lacet ; des hosties qui saignent d'un coup de couteau qu'un Juif leur donne ; des saints qui courent après leurs têtes quand on les leur a coupées.[237] Une des légendes des plus avérées dans notre histoire ecclésiastique d'Allemagne, est celle du bienheureux Pierre de Luxembourg,[238] qui dans les deux années 1388 et 89 après sa mort, fit deux mille quatre cents miracles ; et les années suivantes, trois mille de compte fait ; parmi lesquels on ne nomme pourtant que quarante-deux morts ressuscités.

Je m'informe si les autres Etats de l'Europe ont des histoires ecclésiastiques, aussi merveilleuses et aussi authentiques ? Je trouve partout la même sagesse et la même certitude.

LV. *Pis qu'ignorance*

J'ai vu ensuite pour quelles sottises inintelligibles les hommes s'étaient chargés les uns les autres d'imprécations, s'étaient détestés, persécutés, égorgés, pendus, roués et brûlés ; et j'ai dit, S'il y avait eu un sage dans ces abominables temps, il aurait donc fallu que ce sage vécût et mourût dans les déserts.

LVI. *Commencement de la raison*

Je vois qu'aujourd'hui, dans ce siècle qui est l'aurore de la raison,[239] quelques têtes de cette hydre du fanatisme renaissent encore.[240] Il paraît que leur poison est moins mortel, et leurs gueules moins dévorantes. Le

---

236. La légende de saint Nicolas.

237. Rabelais avait raillé ces légendes de «saints céphalophores» dans la fameuse histoire d'Epistémon. Voir *Pantagruel*, ch.30, «Comment Epistemon, qui avoit la coupe testée, feut guery habillement par Panurge». Panurge recolle la tête d'Epistémon grâce à «l'onguent ressucitatif».

238. Véritable enfant prodige, il aurait été chanoine à dix ans, puis évêque, et enfin cardinal. Il serait mort à dix-huit ans de ses macérations (1369-1387).

239. Voltaire a le sentiment, après 1755, que la «philosophie» commence peu à peu à dissiper «les ténèbres». Sur cette image favorite, voir notre étude «Lumière et lumières», *Clartés et ombres du siècle des Lumières* (Genève 1969).

240. L'affaire Calas et l'exécution du chevalier de La Barre, par exemple.

sang n'a point coulé pour la grâce versatile,[241] comme il coula si longtemps pour les indulgences plénières qu'on vendait au marché ; mais le monstre subsiste encore ; quiconque recherchera la vérité risquera d'être persécuté. Faut-il rester oisif dans les ténèbres ? ou faut-il allumer un flambeau auquel l'envie et la calomnie rallumeront leurs torches ? Pour moi, je crois que la vérité ne doit pas plus se cacher devant ces monstres, que l'on ne doit s'abstenir de prendre de la nourriture dans la crainte d'être empoisonné.[242]

241. Le *Dictionnaire* de Trévoux (éd. 1771) la définit comme suit : « épithète que l'on donne à la grâce des Molinistes, qui attend la détermination de la volonté, et ne l'opère point : que la volonté humaine rend à son gré efficace ou inefficace, et qui ne l'est point de sa nature ». Voir l'article « Grâce » des *Questions sur l'Encyclopédie*, et particulièrement la section II : « Nous félicitons ceux qui croient avoir des grâces prévenantes ; nous compatissons de tout notre cœur à ceux qui se plaignent de n'en avoir que de *versatiles* ; et nous n'entendons rien au congruisme ».

242. *Le Philosophe ignorant*, parti du scepticisme intégral, s'achève ainsi sur une profession de foi militante et sur un appel à l'unité des « philosophes ». La superstition est fréquemment représentée comme une hydre décapitée par la Vérité, ou comme une horrible femme cachée par un masque que lui arrache la Vérité (voir p. ex. le frontispice des *Pensées philosophiques* de Diderot, éd. R. Niklaus, Genève 1965, p.50).

TABLE DES MATIÈRES

Introduction   v

   Publication et diffusion   ix

   Un accueil mitigé   xiii

   Note sur le texte   xv

   Bibliographie   xvi

Chronologie de Voltaire   xvii

Le Philosophe ignorant   I